金融科技助力精准扶贫问题研究

JINRONG KEJI ZHULI JINGZHUN FUPIN WENTI YANJIU

郭晓蓓 著

企业管理出版社
ENTERPRISE MANAGEMENT PUBLISHING HOUSE

图书在版编目（CIP）数据

金融科技助力精准扶贫问题研究 / 郭晓蓓著. -- 北京：企业管理出版社，2019.11

ISBN 978-7-5164-2076-8

Ⅰ. ①金… Ⅱ. ①郭… Ⅲ. ①金融－科技扶贫－研究－中国 Ⅳ. ①F126②F832.3

中国版本图书馆 CIP 数据核字(2019)第 275695 号

书　　名：	金融科技助力精准扶贫问题研究
作　　者：	郭晓蓓
责任编辑：	张　羿
书　　号：	ISBN 978-7-5164-2076-8
出版发行：	企业管理出版社
地　　址：	北京市海淀区紫竹院南路 17 号　邮编：100048
网　　址：	http://www.emph.com
电　　话：	总编室(010)68701719　发行部(010)68701816　编辑部(010)68701891
电子信箱：	80147@sina.com
印　　刷：	北京虎彩文化传播有限公司
经　　销：	新华书店
规　　格：	170×240 毫米　16 开本　13.25 印张　180 千字
版　　次：	2019 年 11 月第 1 版　2019 年 11 月第 1 次印刷
定　　价：	58.00 元

版权所有　　翻印必究　　印装错误　　负责调换

前 言

在全面建成小康社会的攻坚时期，作为其中的一个重要环节，扶贫的重要性在此时显得尤其突出。我国作为世界上最大的发展中国家，曾经拥有世界上最多的贫困人口，自从改革开放以来，经过我国不断地实施扶贫工作，对扶贫制度和机制不断地优化和改进，我国的扶贫工作由普通的"输血式"扶贫转向精准的"造血式"扶贫，实现了大规模的贫困人口的脱贫，在世界上取得了令人瞩目的成就，为世界的和平发展贡献了巨大的力量。

本书的研究目的是清晰地了解我国当前精准扶贫的进程和实施的成效以及手段，并结合当前最热门的金融行业来为扶贫工作的开展注入新鲜的血液。金融行业掌控着整个国家的虚拟经济的运行，尤其是资金的合理配置和安排，需要金融行业给予精准扶贫工作以更多的资金支持和项目规划，通过金融行业的资金注入，加快推动精准扶贫工作的开展，促使我国扶贫工作能够在全面建成小康社会之前取得预期的目标和成果。

本书的研究内容从七个方面展开。第一章阐述了有关金融扶贫的概念。通过对金融扶贫、金融科技、扶贫体系以及互联网金融等相关词汇的理解，对金融扶贫的概念有一个明确的了解和区分。除此之外，对扶贫的有关历史进行了一个简单的回顾，对金融行业在我国扶贫工作中的参与情况、金融扶贫中的风险和监管问题以及金融扶贫采用的手段进行了一个简单的介绍。第二章主要是关于我国传统金融扶贫的简单介绍，从不足的角度来分析当前金融扶贫需要改进的地方，如传统金融扶贫的违约率高、未触及贫困户，且容易对现有的金融市场造成一定的消极影响。第三章主要是对我国精准扶贫工作的回顾，在不涉及金融行业的前提之下，我国精准扶贫工作从提出到实施和推进，这都需要一个循序渐进的过程，但从最后的成效来看，我国的精准贫困工作还是取得了不错的成绩。第四章主要对引入金融技术对我国精准扶贫工作的有效开展进行分析。利用信息技术来构建一个综合式扶贫的信息扶贫平台，为精准扶贫措施的实施提供大数据的支持，既能够有效地识别贫困户的信息，又能够通过综合平台的运行对金融精准扶贫的对象进行准确的定位，确保真正帮扶到每一位贫困户。第五章从金融精准扶贫的模式着手，主要分析政府主导、金融机构主导和产业扶贫三种扶贫模式，这也是目前金融精准扶贫中最主要的三个参与主体。第六章是相关案例分析，通过河北省望都县的金融精准扶贫措施的实施来监测扶贫的最终成效。第七章结尾部分是关于我国金融精准扶贫开展和实施的一些问题和建议，问题主要立足于扶贫对象本身和金融助力精准扶贫上的一些技术障碍的分析，在建议上除了针对上述问题之外，还包括对金融精准扶贫的风险监管的建议。

  作者在写作过程中查阅和分析了近几年的相关资料文献，对我国扶贫工作的现状、精准扶贫的提出和实施、金融行业助力扶贫工作的开展等各方面的参考文献进行了一个大致的浏览，这个过程显然是复杂的，但是对本书的撰写却有着莫大的裨益。本书主要是想通过对有关精准扶贫工作的分析和研究，为我国即将到来的全面小康社会添砖加瓦，推动小康社会的全面建成，促使在扶贫工作中能够精准地实现对贫困对象的帮扶，确保在全面建成小康社会的道路上不落下每一个贫困户。

郭晓蓓
2019.6

目 录

第一章 绪 论 ... 1
- 第一节 金融扶贫的相关概念与起源 ... 1
- 第二节 相关金融技术简介 ... 20
- 本章参考文献 ... 26

第二章 传统金融扶贫的不足 ... 27
- 第一节 扶贫未触及贫困户 ... 27
- 第二节 违约率高,不具有长期性 ... 32
- 第三节 影响既有金融市场的稳定 ... 38
- 本章参考文献 ... 46

第三章 我国精准扶贫现状 ... 47
- 第一节 精准扶贫的提出 ... 49
- 第二节 精准扶贫的实施与推进 ... 65
- 第三节 精准扶贫的现状 ... 81
- 本章参考文献 ... 93

第四章 金融助力精准扶贫的优势及运用 ... 95
- 第一节 信息技术可构建一站式金融综合服务平台 ... 95
- 第二节 大数据有利于贫困信息的精准识别 ... 102
- 第三节 金融扶贫的时效性、可持续性与动态性 ... 116
- 本章参考文献 ... 120

第五章 金融助力精准扶贫的模式研究 ... 121

第一节　政府主导的金融扶贫模式..................121

　　第二节　金融机构主导的金融扶贫模式..................133

　　第三节　产业金融扶贫模式..................148

　　本章参考文献..................152

第六章　金融助力精准扶贫现实案例分析..................153

　　第一节　河北省望都县经济发展和金融扶贫概况..................153

　　第二节　创新望都县金融扶贫模式..................158

　　第三节　支持望都县金融扶贫模式成功运作的政策建议..........164

　　本章参考文献..................168

第七章　金融助力精准扶贫待解决的问题和改进建议........171

　　第一节　金融扶贫的落实难题..................171

　　第二节　金融扶贫的技术障碍..................184

　　第三节　金融扶贫的主要问题及改进建议..................196

　　本章参考文献..................205

第一章 绪 论

第一节 金融扶贫的相关概念与起源

一、扶贫

国外学者对扶贫的研究早于我国,已存在一些关于扶贫的理论研究成果,但是,因所处时代、国别和经济背景不同,他们的扶贫概念只能为我国扶贫概念的界定提供一定参考。本书中,扶贫是指由政府和社会帮助贫困地区的贫困户因地制宜发展生产、摆脱贫困、改变穷困面貌的一种社会工作。

二、金融扶贫

到目前为止,在我国理论界,针对这一问题众多学者都有各自的理解和说法,尚未形成一个统一的标准。但他们表达的意思异曲同工,那就是在扶贫工作中,金融机构发挥着重要且无可替代的作用。金融扶贫中政府起主导作用,引导各金融机构投入到扶贫工作实践中,针对贫困地区贫困人口的资金需求,通过发放信贷资金、保险服务等金融手段为其提供金融产品和服务支持,进而为打造贫困地区的特色新产业创造出一定的经济基础，逐步实现贫困地区的扶贫工作从"发放扶贫资金式"向"扶贫资金+扶智式"转变，最终实现贫困地区的贫困人口增收脱贫。

金融扶贫就是指以金融机构作为扶贫主体，通过提供资金、技术，投放金融产品，提供金融服务等形式，解决贫困地区资金的供需矛盾，帮助扶贫客体提升生产发展能力，并使金融机构获得盈利的扶贫方式。其服务对象主要是有能力脱贫但由于无法获得发展资金而处于贫困状态的群体。和传统扶贫方式相比，金融扶贫中发放给贫困群体的资金是有偿的，这一模式可以实现资金的自我有效循环，通过市场化手段，实现贫困群体脱贫和市场主体持续盈利的双赢，在发挥扶贫对象的主观能动性，防止贫困群体在脱贫道路上完全依赖政府帮助方面具有积极作用，同时也充分发挥了市场主体的积极性，改变了以往政府部门"一头热"的扶贫模式，有利于金融资源的有效利用，提高扶贫的精准性，是解决我国现阶段相对贫困这一问题的有效途径。

三、金融扶贫体系

金融体系是指一个经济体中资金流动的基本框架，主要包括金融机构、金融市场、金融工具、监管体制和政策法规等因素。金融扶贫体系是一个以扶贫为特殊目的，包括扶贫受众、扶贫方式等因素在内的金融体系。建立农村金融扶贫体系的根本目的在于拓展金融机构为贫困及低收入群体提供金融服务的范围和力度。从微观层面来看，金融扶贫体系主要是指金融扶贫服务的提供者，主要包括以政策性、商业性、合作性银行及新型农村银行类金融机构为主的银行类金融机构和以保险公司、证券公司等为主体的非银行类金融机构。在扶贫过程中，金融机构可以充分发挥零售和批发潜力，拓展金融服务覆盖范围，为贫困群体提供金融服务。从中观层面来看，金融扶贫体系是指保证微观层面正常运作的外部条件，包括金融基础设施和服务，例如互联网银行、自动柜员机、IT覆盖、技术咨询与培训、评估体系、机构网络、信息管理系统等。从宏观层面来看，金融扶贫体系还包括中国人民银行、财政部以及其他国家政府部门。政府在信息掌握和政策制定实施方面具有明显优势。总体来看，金融扶贫体系主要包括微观层面的金融机构、中观层面的金融基础设施和服务以及宏观层面的政府金融管理单位。

四、金融科技

金融科技的名称最初是从英文单词"Financial Technology"直接翻译而来的，英文缩写为FT。目前，金融科技的发展仍然处于初级阶段，包含的各种业务模式尚未成熟，发展不稳定，尚未被社会大众所普遍接受，由于各国发展程度的不同，金融科技的业务形态存在不同程度的差异性，因此，在全球范围内并没有形成一个统一的关于金融科技的定义。最新的关于金融科技的国际性报告是由金融稳定理事会发布的《金融科技的描述与分析框架报告》，作为全球金融治理的权威和牵头机构，第一次从国际组织的层面对金融科技的性质和内涵做了一个规范化的定义，即金融机构利用科学技术来推动金融领域的发展和创新，并以此来形成金融领域中的新的发展模式，对金融市场和有关的金融机构产生重大的影响，促使其不断地改进产品、与时俱进，不断推出新的产品以适应金融市场发展和金融客户的需求。但是，在实际的发展中，对于金融科技的理解会因为其存在的背景环境不同而有所差异，也会因为国家科学技术发展的程度不同而在理解上有所差异。对于移动终端发展比较快速的国家而言，金融科技就是指将一些金融业务电子信息化，由实体操作转移到网上操作，比如手机银行和网上银行就是这类定义所表现的典型代表；在计算机专业领域发展比较快速的国家则认为金融科技是可以应用于金融领域的各项新的技术，如云计算、大数据计算以及分布式账户等现代新兴的技术；而在一些现代化的信息技术并不怎么发达，仍然是以传统的电信业务为主要技术的国家中，只要涉足了金融领域，通过电信技术来进行金融业务的操作或是与电信或科技企业有关的金融企业都可以被看作是金融科技的代表。不过，这只是目前的状况，随着世界多元化的不断融合，科学技术的普及和传播，相信关于金融科技的概念之争会变得越来越少，到时候金融科技的概念会被不断地融合和充实，许多具有差异化的概念会被慢慢地融合起来，概念的准确性、普及程度以及认可程度会更高。

五、金融科技与互联网金融比较

　　提及金融科技，我们可能会下意识地将其与互联网技术联系在一起，毕竟当前的许多金融业务是通过互联网来完成的，金融科技实现和发展的载体离不开互联网的依托。但是金融科技是否就是等同于互联网金融呢？这个问题值得我们讨论一下，搞清楚这二者之间的区别和联系对于理解金融科技概念或内涵是非常重要的，应避免简单地将二者等同起来，使得金融科技的概念被人为地缩小或是扩大。我们已经说到了，这二者之间既有联系又有区别。从二者的联系上来看，它们都能够体现出金融与科技的结合，都是运用新的技术手段来实现金融业的长足发展，为金融业开辟更多的形式和多样化的业务，都能够表现出科技对金融的创新和优化作用，其实就是二者都包含了金融和科技这两个东西。从二者的区别上来看，首先在字面上就能体现出来，金融科技更加强调的是科技对金融行业产生的辅助作用，这种辅助作用主要体现在对金融业务的优化和创新之上，但是其内在属性和根本的性质仍然是金融业务的内在运行的规律，科技也许只是提高了业务运行的效率和速度，或是打破了业务的时空限制，但是在实体上仍然要遵循金融行业有关的法律法规，实体金融业务要受到监管，在金融科技领域中仍然要受到监管，而且这种监管会变得更加的密切和严格。

而互联网金融则完全不同，尤其是在我国，关于互联网金融的概念不仅包含了以实体金融企业为主导的"金融+互联网"模式，同时也包含了以互联网企业为主导的"互联网+金融"的模式，这可以从两种模式发展的历程中看出，一个是先出现金融业务，以金融业务为企业的传统产品，另一个是先立足于互联网行业，经过在互联网行业的长久发展之后，开始朝向金融领域拓展。一些以"互联网+金融"为特征的企业，其业务的重点是开发利用互联网技术，通过技术的研发来带动金融产品的创新，从网络技术上来改善客户的实际体验感和企业的运营效率，但是这种模式容易出现对金融行业本身的一种忽视或是偏离，脱离了金融行业的本质和风险控制，有时候甚至会脱离监管机构的监管，游离在法规的灰色地带，出现业务操作不规范，风险管理意识不够强，没有充分的自主监管意识。这主要表现在一些互联网机构未经批准就擅自开展与金融有关的业务，或是违反监管条例的规定开展业务，最终导致群体性事件或是大规模的风险事故的发生。虽然互联网金融的概念存在反复性，其概念的外围相比金融科技较为宽泛，但是由于互联网金融存在的问题以及潜在的风险较大，从长期来看，互联网金融的概念很可能会并入到金融科技的概念中去，最终实现国际和国内标准的统一。

六、金融科技的积极作用、潜在风险及其监管挑战

在提及金融科技之时，不可避免地要涉及对其积极影响以及潜在的问题即风险的讨论，以便在推广使用之前对其有一个明确的认识，未雨绸缪，免得到时候出现问题手足无措，同时，在金融科技发展和应用的过程中，为避免这些问题的出现，如何有效和最大化地发挥其积极作用，监管机构应该如何监管，或是监管中可能存在哪些问题，

也是我们应该考虑的。

从金融科技具有的积极作用来看，金融行业作为一个由来已久的行业，通过积极有效地利用现代化的互联网和电子信息技术，有利于增强金融服务的供给，提高服务的效率和体验感，效率的提升也意味着生产或是运营成本的下降，这些都是金融科技能够带来的积极作用。第一，互联网技术能够突破时间和空间的限制，随时随地地进行业务的办理和运作，具有全天候和跨地域的属性，即使是人在休息之时，金融科技都能够代替人力继续工作，有效地弥补了传统金融行业在业务运营中存在的一些空白或是时间和空间上的限制，大大提升了金融行业的覆盖面。第二，互联网具有的一些显著的特征也是促进金融行业快速发展的有利因素，互联网具有标准化的操作方式和系统化的运行结构，便于操作和快速处理业务问题，而且互联网在处理业务时的量化操作使得处理成本大大降低，在服务的效率上能够给人以更佳的体验感，使交易的流程大大简化，降低金融服务的成本。第三，互联网具有的特点正是金融行业所需要的，金融业务形式的多变性是促进金融行业发展的关键，而产品的多样化需要互联网技术的辅助，互联网的快速发展，较强的创新性与活跃程度，更加强调效率和顾客的服务感受等，这都是金融行业发展最需要的因素，这些因素的结合更加有利于金融行业的完善与发展。

金融天生就是具有高风险的行业，但是高风险同时意味着高收益，因此，从金融机构的风险层面来看，金融科技可能会带来以下几个方面的影响。第一，金融科技会影响传统金融行业的盈利情况。金融科技是适应现代化发展的金融行业做出改变的利器，这种现代化的科技给金融行业带来的高效率的运营模式会使得越来越多的客户流向这些行业，对现有的银行的利润和客户群体造成巨大的挑战，既分流利润也分流客户群。第二，科技的运用同时意味着多样化的技术风险的产生，意想不到的操作风险随着埋伏在行业的四周。这主要是由于许多金融机构在运用新科技进行业务操作之时，很难实现对业务的实时监管，虚拟化的程序增多使得潜在的风险更容易暴露出来，技术的漏洞更有可能成为潜在的风险点，目前就有因为交易系统存在的缺陷和漏洞使得大量的客户信息和交易数据泄露的案例，这也给金融科技的运用敲响了风险的警钟。第三，整体金融危机发生的风险上升。越来越多技术性或是机器化的操作，使得人为的控制水平在一定程度上降低，时空上距离限制的缩小同时意味着彼此之间的联系日益加强，所谓"牵一发而动全身"。金融科技使得潜在的客户量上升，客户的可获得性随之增高，但是对客户的风险评估缺乏人为的理性化的评价，低门槛使得许多的高风险客户被引入到金融行业中来。同时，金融科技作为新兴的产物，在实际的操作中还存在着诸多的问题，缺乏历史同类问题的借鉴和参考因素，无论是发现问题还是解决问题都存在着诸多的风险，也很有可能会造成对风险的低估甚至是错估，加剧金融风险的发生。第四，对金融突发事件的处理能力有了更高的要求。金融科技的普及和应用意味着问题的发展不是一个点而是一条线，同时突发事件的频率也会因为时空限制的突破而变得更加的频繁，受到外部威胁的冲击概率也会随之上升，这就要求在利用金融科技的同时要具备良好的监管能力，能够做到实时监管和全方位的危机处理和应对。

　　金融科技发挥作用还需系统层面的助力，金融科技由于集聚了最新的科学技术，在系统性的运行上具有较高的优势，那么如何就金融科技的系统进行优化，可以从以下几个问题来进行考虑：第一，金融机构之间的联系性和运行系统的复杂性增加。随着金融科技的运用，金融行业之间的联系会越来越强，各类型的金融企业之间的联系会加强，金融行业内部以及之间的融合性会不断地深入，随着科技的不断发展和深化，金融行业之间的业务操作和行业之间的联系会变得越来越复杂，"牵一发而动全身"就是这个道理。除了联系的加强，风险的联系或是传导机制也会变得更加密切，尤其是一些较小的科技公司在技术操作上还存在着一些漏洞，风险管理方面的能力也不够，具有相当大的局限性，这些风险会随着相互之间联系的加强而在彼此之间传递，甚至是金融基础行业的企业风险也会通过密切的传导机制传递到上层领域的金融行业，从而使系统性的金融风险发生率增加。第二，"羊群效应"和市场共振反应的强化。这也是系统性的金融风险产生的标志和发生之后的主要表现，关键就在于金融市场之间的风险波动波及的面越来越广，周期也显得越来越短，系统性的金融风险一旦发生就会产生连锁的反应。金融科技助力金融行业的效率提升，金融传导的机制更加方便和快捷，但是效率和速度提升的同时也意味着风险传导速度的上升。同样的金融科技发展现状，使得金融行业的参与者大多会采取相同或是类似的金融技术或是投资方式，参与者的行为会随着联系的加强而趋同，行为的趋同又会使得风险波及的面更加广，金融市场的波动就会被无限地放大，只要是类似或是相同的行为都会成为风险的发源地和传导的机制体。举个例子，在智能投资顾问行业中，金融机构在为客户提供投资建议和信息之时，很多采取的都是智能化的服务和程序化的资产管理建议，这就会出现一种大多数的趋同情形，即智能系统给出的建议和意见都是具有类似性的风险指标和交易策略，这些类似性会在金融市场如滚雪球般地变大，越来越多的趋同行为会导致许多"同买同卖、同涨同跌"的情形出现，本来是智能化的建议很可能就成为智能化的"坑"。市场中许多类似行为的发生可能会形成一种暂时繁荣的假象，市场的风险也就因此被埋下，随着一个人意识过来或是智能化的系统开始提供相反的建议和意见之时，"多诺米骨牌"的效应就会显现，金融风险就会以迅雷不及掩耳之势来到实体经济之中，因此加剧市场的波动和共振。

综上所述，我们都会看到风险的存在，那么，就监管层面而言，他们需要做的和改善的方面还有许多。第一，对监管层面的专业能力形成了巨大的挑战。面对多样化的风险和波及面极广的特征，监管者需要有专业性的解决风险的能力，可是对大多数的监管者而言，要想做到对风险的及时控制与解决，那么相应的专业资源就应该快速地配合到位，自主的金融知识应该做到与时俱进，实时地更新内在的金融知识结构，尽早地识别金融风险的标志，找出潜在的金融风险目标，从而从根本上和源头上提高监管的有效性。第二，风险监控的难度和管控的力度加大。随着金融科技的日益多样化，各种金融产品让人眼花缭乱，监管机构也很难对日益变化的金融产品做到实时监控，有的时候，监管机构对那些新兴的尚未出现金融风险的产品采取的是游离于监管之外的政策或是处理方式，对这些金融产品的进入市场门槛要求也比较低，因此，许多金融机构在交易中就会将风险的监管看得十分简单，有时候甚至会采取脱离中央清算机构监管的交易方式，交易主体各方的风险敞口随之也就会上升，对于监管层而言，这种交易和操作的行为会使得监控的难度上升，甚至脱离监管自由交易的情形也会出现。第三，监管的漏洞有可能会产生监管套利和监管空白的出现。一些处于科技创新新兴领域的企业，利用监管层面给予的一定的自由空间，在金融操作时故意游离到监管层难以触及的监管体系之外，从而规避监管，形成监管套利的情形，这给金融市场风险的管控带来极大的危险，很多时候系统性的金融风险就是从这些新兴的金融科技企业中萌生的。

七、金融扶贫的历史回顾

作为世界上人口最多的发展中国家，中国扶贫减贫的成效，也影响着全球的扶贫工作成效。经过全社会各阶层多年的共同努力，我国扶贫减贫成效显著，这些成绩都离不开中国快速增长的经济。在过去多年扶贫领域的理论研究和实践探索中，一方面，大多以制度探讨和财政投入为主，财政扶贫效果亦并不理想；另一方面，金融扶贫往往忽视贫困的金融特质，忽视其给贫困人群带来的行为心理效应，致使金融扶贫很难做到精准识别。

我国之前的模式大多以财政投入来改变环境,对金融方式的运用很不到位,更没有注重贫困人群心态的改变,特别是少数民族特有的文化和心理诉求在研究中存在被忽视的情况。现有的贫困地区具有明显的区域性、连片性特点,经济最不发达的西部地区贫困发生率最高,其中 2015 年民族八省区农村贫困人口为 1813 万人,占全国比重的 32.5%,贫困人口主要集中在中西部自然条件差的地区、山区和民族农村地区。按照"区域发展带动扶贫开发、扶贫开发促进区域发展"的思路,国务院批准实施了武陵山等 11 个片区区域发展与扶贫攻坚规划,全面启动了区域性扶贫攻坚和精准扶贫计划,在一定程度上规避"区域性贫困陷阱"。

(一)研究问题的提出

过去的金融扶贫理论研究和实践发展探索中,无论是政府的财政资金和金融保险补贴,还是金融机构的政策性优惠贷款,都会给贫困人群形成"赠与"或者"补偿"的心理账户,容易造成他们的依赖心理。那么,贫困人群又有着怎样的金融心理行为?这种金融心理行为会引发什么样的金融效应?……这些问题都值得我们进行理论深思和实证检验。基于此,我们有必要依托行为经济学原理,对我国金融精准扶贫行为进行机制设置。具体到本书之研究而言,我们将用行为经济学的心理账户和"区域性贫困陷阱"理论,来阐释贫困人群的信贷、储蓄及其他金融活动,在此基础上设置金融扶贫的行为机制,并提出相应的可行性建议。

(二)贫困的金融特质与行为心理问题探讨

要做到金融精准扶贫,我们首先要明确贫困地区的金融特质,才能更好地发挥金融杠杆功能,造血于贫困地区。然而,我国贫困地区在金融供给和金融需求方面的普惠金融上表现明显落后，金融扶贫政策要权衡各个方面。

第一，从金融供给角度看，贫困人群金融储蓄难，收益率低。纵观世界各国，由于经济发展、金融市场和保障制度的差异性，储蓄也各有差异，东亚和中东国家的储蓄率高，美国和非洲国家的储蓄率低。2012年中国储蓄率是50%左右，但中国的贫困人口超过7000万，其储蓄率相对偏低，储蓄金额相对较小。由于贫困人群的储蓄相当低或者没有储蓄，当遇到紧急或突发事件时，他们将一筹莫展，持续陷入"贫困陷阱"。

即使贫困人群有钱可储存，也面临无处可存的尴尬境地。贫困地区金融机构网点和覆盖面明显不足，甚至呈下降趋势。徐荟竹等通过对375个贫困县调研发现，县域内金融机构网点平均数从2002年的44.6个下降到2010年的39个，降幅为14.3%。不仅提供储蓄的金融机构有限，可供贫困人群选择的金融理财产品更有限，譬如，绝大部分国债都在城市销售。同时，贫困人群缺乏必要的金融知识，甘犁等的调查显示，如果用金融知识指数来衡量，我国农村家庭金融知识水平异常缺乏，指数仅为30，低于城市家庭的51，而很多发达国家接近80。农村贫困地区的人们的金融知识更远低于农村平均水平，调查发现很多贫困人群没有定期储蓄的概念，更不用提国债和理财产品。正因为贫困家庭没有很便捷的储蓄方式和储蓄产品，加之现金流吃紧，为防止货币从手中溜走，他们就有足够的理由去购买自己一直想买的商品。在我国很多贫困的民族地区，往往把实物当作储存钱财的方式，注重实物消费，几乎没有金融存款。

第二，从金融需求角度看，贫困人群金融信贷难，成本高，金融信贷意识薄弱。黄英君等通过对重庆市辖区的贫困县——开县等地的实地调研发现，重庆市贫困农村地区资金外流很明显，这种农村资金的"倒吸虹"现象不利于贫困农村地区的金融和经济发展。大量储蓄资金从农村流向城市和工业，农民信贷难度不减反增。虽然贫困人群拥有较强的信用意识，信用强，通俗地说就是"穷要面子"，但却很难获得正常的金融信贷等金融支持。来自印度、菲律宾和巴基斯坦的研究数据显示，贫困农村放债人的一般违约率仅为2%，但是平均利率却高达78%。我国其他类似的一些实证调查也显示，农民的信用意识很强烈，但金融参与意识却不够强烈。譬如，熊学萍等对湖北天门农民的调研结果显示，农民的基本金融行为与信贷需求之间尚没有建立应有的联系，农民信用意识十分强烈，但信用表现却不容乐观，金融参与意识较弱，对现行的融资制度缺乏认知和利用的兴趣。

贫困人群和金融机构之间的信用与风险存在严重的信息不对称，这是贫困地区信贷难的根本原因所在。金融机构需要树立普惠金融的理念，突破原有的思维定式，意识到扶助贫困弱势群体能使金融机构赢得良好的社会形象，承担一定的扶贫责任。如果不存在信任问题，把资金贷给贫困人群，他们能够有效利用扶贫信贷吗？这个问题值得我们深思，并需要进行更为有力的证据验证。在缺乏金融杠杆意识的前提下，即便信贷供给充足、贫困识别严格，有劳动能力但处于最低收入水平的贫困农户仍难以有效利用扶贫型小额信贷。即使贫困人群有获取贷款的渠道，也没有有效的风险应对措施，这在心理上抑制了贫困人群的金融参与行为。

总之，贫困地区普惠金融发展落后，存在严重的"金融抑制"困境，这种金融抑制在一定程度上阻碍了贫困地区的经济社会发展，这也会反过来进一步削弱贫困人群的金融参与度和心理预期。金融心理预期的落差会导致穷人形成特有的金融心理账户。在金融抑制的情况下，各国贫困人群都有自己独特的金融心理账户，比如孟加拉的"储蓄俱乐部"，印度南部的"自助小组"，而非洲最流行的是"轮转基金"，通过这些方式来完成内部成员的储蓄和借贷。

（三）扶贫绩效与金融精准扶贫

如前文所述，我国之前的扶贫模式大多是以政府扶贫资金投入，以财政拨款的方式来改变贫困地区的教育、交通和医疗等环境，提高贫困地区人们的生活环境和经济发展环境。单纯的财政拨付虽然在一定程度上减缓了贫困程度，增加了农民收入，刺激了贫困地区的经济发展，但是，李小云等所做的项目追踪发现，由于扶贫资源在目标群体瞄准上的偏离，效率相对低下，扶贫项目对贫困人群的覆盖率只有16%，而对中等户与富裕户的覆盖率分别为51%和33%。贫困地区主要集中在中西部自然条件差的山区和民族农村地区，自身条件的差异会导致贫困地区扶贫政策产生负面影响。政府间转移支付的确对扶贫县的财政收入产生了负向作用，地方政府并没有因为转移支付的增加而积极组织自有财政收入，民族扶贫县可能为保住"贫困县"帽子而放弃发展。显然，这并非我们所希望看到的扶贫效果。

我们过去依托经济增长的粗放式财政扶贫虽然取得了显著成绩，但仍未达到预期效果。由于贫困人群在生活质量、受教育程度、卫生健康等福利方面均处于相对劣势，我国要在2020年全面实现小康，扶贫任务依然艰巨。2013年年底，党和政府提出了"精准扶贫"的战略导向，希望通过精准扶贫达到政府的预期效果。精准扶贫基于对以往扶贫工作的反思，提出精准识别、帮扶、管理和考核的内涵，是新时期中国扶贫工作的重要机制。目前关于精准扶贫的文献研究还不是很多，但传统的粗放式财政拨款扶贫已不能适应时代的要求，精准扶贫要改变过去的一味"输血"功能，诱导各种市场手段实现贫困地区的"造血"功能。为贫困地区造血，金融扶贫是重中之重，需要促进财政与金融相互联动。由于扶贫信息共享不完善、政策支持力度欠缺等诸多原因，金融扶贫作用未能有效发挥，需要重新定位才能实现金融精准扶贫。金融精准扶贫的本质是对贫困人群金融需求的精准识别，要实现这一要求必须了解贫困地区的金融特质。

八、基于金融科技的金融扶贫的风险与监管

金融科技是现代技术创新的典范，是金融行业数字化驱动的模式变革，引领了整个行业的创新潮流，带动了相关产业的同步发展，最典型的就是金融行业的数字化引起行业结构的变化，这是对现有行业模式和结构的一种创新性的颠覆，使得行业之间的间隔和界限变得越来越不明显，行业之间的一体化趋势更加明显；金融产品的结构方式也得到了改变，传统的金融结构在新兴技术引领之下正在向着新兴的领域进发，对于创新和创业者来讲，其职业发展有了更多的可能，有了新的发展和开拓的方向，金融产品和服务的社会化和大众化趋势更加明显，普通的民众对金融的了解不再像以前那样陌生和神秘，金融服务成为一种触手可得的行业。但是，随着金融行业普及率的不断上升，数据化信息和技术的快速发展，对金融行业的监管带来了更多的挑战，金融风险的不确定性在新兴技术的参与之下似乎变得更加不稳定，更多的潜在风险已经不在金融监管部门的管理和控制之下，潜在的风险随之上升。因此，在新兴技术发展的同时，相关的法律法规也应该加快发展的步伐。金融科技既是引入了现代化的信息技术，也离开了金融这一核心要素，因此，作为金融部门监管的对象，新兴的金融科技也应该纳入到当前的监管体系之中，同时针对新兴产品的特点设计出具有针对性的监管措施，真正做到对金融科技风险的牢牢掌控，即金融科技的发展也意味着金融监管要改变传统的思路和模式，形成新时代下的新兴的监管体制。

（一）新增的技术风险

金融科技本身就是一种创新，目的是改变传统的金融行业发展后劲不足的缺陷，进而通过现代技术革命的方式实现金融领域的创新性发展。技术是金融科技不断发展的核心力量，也是金融行业不断创新的动力源泉，但由于可操作性尚难以掌握、技术监管措施不完善等因

素，这些创新性的技术又成为现代金融发展的一些风险点所在：第一，数据信息的泄露风险。在大数据快速发展的时代，数据信息的搜集工作显得十分便捷，个人的许多信息都可以通过互联网渠道被无意识地搜集出来，也正是这些信息，成为大数据发展的关键所在，由此导致的信息泄露和恶意窃取等事件成了大数据领域最大的技术弊端和风险，那些被集中搜集起来的信息成为风险集中爆发的泉眼，很容易被不法分子非法利用。第二，技术控制的风险。随着大数据技术以及金融技术的快速发展，现代技术的智能化水平越来越高，许多技术能够在关键时刻实现自主控制，那么，这就会产生一个非常严峻的问题——控制技术是否会出现失控的情形？人工智能是否会脱离人类的控制范围？是否真的会像人们所想象的那样，人工智能技术以后成为世界各行业的主要生产手段？对于人工智能可能带来的失控风险，人们是否有成熟的技术进行把控，这是值得思考的一个问题。第三，技术本身还存在着诸多的弊端，还需进一步地改进和提升。比如，信息数据和互联网信息加密技术的确能够在一定程度上防止信息数据泄露的事件发生，但是数字加密技术在一定程度上又会降低人们在使用技术上的整体便捷性。对于快速发展的社会经济需求和形式，便捷才是人们在发展技术之时的本质要求，因此，技术的严密性虽然保证了风险发生的可能性降低，却不能使人们更好地体验技术所带来的便捷化。第四，针对监管人员自身技术的提升。金融是典型的虚拟经济行业，尤其是在现代金融产品日益多样化、复杂化的情形之下，如何控制金融风险取决于金融行业从业人员的自身技术水平，需要金融行业从业人员有较高的技术控制水平，同时还要熟悉金融市场发展的方向，及时开发具有创新性的金融技术产品。

现今许多的经济危机在一定程度上来讲是由于技术不断发展所带来的一些难以预料和难以控制的风险，需要用科技的不断创新与发展来弥补技术所带来的风险，提高人们应对风险的能力。现代金融发展中所产生的金融科技力量已经完全不同于传统的金融方式和金融产品,而且现有的许多金融产品和金融服务与当前新兴的金融科技难以融合,甚至出现相互排斥的情形。可见,现有模式下的金融行业正在经历着前所未有的变革。对金融行业的监管也需要借助新兴的技术手段,实现对金融风险的可控性和监管的有效性。因此,我国金融科技委员会指出,随着金融行业的不断创新和发展,对金融领域的监管也要与时俱进,要利用当前新兴的大数据技术和云计算,结合人工智能的操作分析能力实现对金融风险的实时监控和有效管理,丰富金融领域的监管手段,实现对金融行业的全方位的风险管控。可见,金融科技的发展不仅仅带来了多样化的金融产品和服务,同样也给了金融监管技术更多的选择可能性,监管的手段更丰富,监管的领域和覆盖面更广。金融科技的发展能够利用大数据的分析技术使得客户的需求被更好地展现出来;同时,结合消费经济学的研究,对客户未来需求的预测也更加精准,加快普通群众对金融行业的参与程度;另外,利用技术的便捷性扩大了监管群体的范围,使得社会群体能参与到对金融行业的监管中来。

(二) 强化的系统风险

科技发展首要的目的在于使人们生产和生活的方式更加便捷,因此,金融科技的产生和发展也具有类似的效果,通过技术创新,使得金融行业在降低成本、风险控制以及信息的对称上有了较大的改进和提升。科技的便捷性增加了金融产品之间的关联性,但是随之而来的是,产品的多样化和复杂程度也增加了,虽然监管的方式和手段有了较大的改进和提升,但监管者所要面临的风险反而增多了,风险的复杂程度也随之上升,这主要表现在:一方面,随着金融科技的不断发展和创新性的不断增强,技术的便捷化使得地区之间的差异性逐渐缩小,时间和空间距离对整个金融市场的影响甚微,技术拉近了市场和投资消费者之间的距离；另一方面，金融技术的发展使得整个金融行业之间的界限变得微乎其微，行业壁垒已经随着技术创新而不断消融，金融机构与非金融机构之间的差距和差别逐渐缩小，整个金融领域的市场紧密程度更强，因此使得由于紧密性或是联系性增强所导致的风险传递速度加快，"多米诺骨牌"效应更加明显。

因此，面对这样的发展趋势，首先应该加强地域之间的合作，牢牢地把控对风险的监管，各区域之间要及时发布和传递有关风险的信息，及时地遏制风险因素或中断风险因素在区域之间的传播。随着科技的发展，金融行业的地域性特征逐渐被掩盖，联系性和紧密性更胜从前，但是各国甚至各地区之间对金融行业的法律法规的规定都存在着许多不一致之处，使得跨区域的风险监管在制度上难以实现像科技那样的紧密性，因此，很多国际金融机构都专门成立了金融科技监管委员会，加强区域之间金融监管的合作，使得风险控制更加精确，风险的传播范围能得到及时的控制。其次，区域监管层之间也应该加强彼此之间的合作，通过设立专门的区域性金融监管机构，对现代科技下的金融业务和金融产品交易进行紧密的监控。风险大多是由于信息传递不畅和信息不对称导致的结果，因此，区域合作监管能够有效地通过合作和及时的信息共享来控制风险的发生和传播。

（三）变异的监管风险

金融科技的变革带来的是整个金融行业的颠覆性的转变，数字化技术的快速发展使得整个金融行业的监管存在着诸多困难，监管的难度也就随之上升。在金融科技的带领下，金融行业的信息识别、行业评估、信息获得等都有了较大的进步，便捷程度较之以往也更加突出。但是在数字化和信息化技术的指导之下，对这些技术和行为的有效监管变得十分艰难。由于金融产品的交易方式和金融市场的运作方式发生了颠覆性的转变，使得传统的监管方式一时难以应对新兴技术所带来的系列问题，因此，对于技术革新所带来的变异的监管风险，必须进行有效的管理。首先，从监管层面来讲，需要拥有更加专业的技术知识，且不断地与时俱进，通过科技的革新改进自身的监管能力，因此应在传统的监管力量之上建立一支更加现代化的监管队伍，在技术上和专业知识上更具有专业性，能够针对新兴的金融科技进行针对性和有效性的监管。其次，我国目前的金融行业实行分业经营和分业监管，但是随着金融行业的不断发展和融合，也开始逐渐向着混业经营和混业监管的方向迈进。可见，现行体制之下的监管措施难以实现对不断变化和改进的金融行业的有效监管，监管部门面临的技术压力和技术挑战十分巨大。对于习惯了传统的分业监管模式的监管层来讲，传统监管模式的行业界限十分明确，在分业经营的基础之上能够针对性地实现对不同部门和不同行业的有效监管，但是由于现在金融行业之间的融合程度不断加大，行业内部之间的交易界限或是产品界限变得越发不明确，对于一些处于交叉领域的金融产品有待监管机构对其属性进行进一步的确认以有效管控其风险。正是由于目前监管对象的混乱和不明确，金融科技的一些领域仍然处于监管的空白地带，这对于新兴的金融科技来讲并不是一个所谓的发展的自由，而是更有可能出现监管缺位而导致的系统性的风险。

因此，明确金融行业的监管范围是十分必要的，尤其是在金融行业内部融合不断加快的前提之下，有必要在新兴技术的带领之下对金融监管范围进行重新界定。李继尊认为，我国传统的分业监管模式很难实现对新兴金融业态的有效监管，新兴金融业态是金融科技不断发展的结果，是金融行业内部融合的结果，因此，面对一个新兴事物的产生和发展，尤其是在倡导实体经济的大环境之下，要想实现金融这一虚拟经济的高效发展，风险把控就是政府对其发展态度的最主要表现，这需要行业内部和行业外部对监管的职责和监管的范围进行清晰界定，尤其是中央和地方之间、地方和地方之间在监管的职能分配和监管的合作上，必须明确各自的职责和应尽的义务，实现各自监管职责的有效落实。此外，作为金融行业最高监管者和领导者，央行有责任加快对金融行业监管体制的整体性改革。首先，从监管的技术入手，提升监管的现代化水平和科技含量，实现监管的有效性和高效性。其次，除了监管部门本身的监督机制，市场的作用同样不能轻视，应该发挥市场的监管机制，这样更能体现资源配置的有效性和合理性，让市场的优胜劣汰引导现有的监管层朝着科技化的监管方向发展，有效地实现金融监管的目标。再次，现有的监管制度的改进和完善有利于实现对监管套利行为的有效监管和控制，能够在金融科技快速发展的同时有效地控制其所带来的风险，在一定程度上保证金融市场竞争的公平性。

第二节 相关金融技术简介

尽管金融科技的本质在于金融，但本轮金融科技的快速崛起却具有独有的逻辑机制。现有金融机构的核心优势在于其厚重的客户基础、预测行业演变的能力以及对现行监管机制的理解。而金融科技的关键优势在于它们不为现有金融体系所约束，一开始就致力于颠覆性创新。Kumar 指出，银行业经过一连串的合并，许多大银行留有多层级的技术系统，最多也就实现了部分整合。但金融科技初创企业却有机会从头建立恰当的系统，并提供更为高效的运行架构，这也是许多现有金融机构所欠缺的。Demertzis 等人也认为，金融科技作为新的商业模式与新技术相结合，可能会极大地冲击到提供金融服务的银行、交易服务提供商和市场组织者，并可能从根本上改变现有的金融中介的形态。因而，本节拟从金融中介理论、金融功能观、熊彼特创新、颠覆式创新以及技术进步等视角来探究金融科技的形成逻辑与作用机制。

一、基于金融中介理论的视角

Benston 认为交易成本、信息成本和不可分割性等的存在是金融中介产生并存在的理由。Boyd 和 Smith 则认为，信息获取和交易监督上的比较优势是金融中介形成的重要原因。Scholtens 和 Wensveen 提出，价值增加也是金融中介理论的重点，而最新金融中介理论的核心则多在于增强风险管理、降低信息成本和交易成本以及增加金融体系的价值。

首先，当前金融交易日益频繁，大量金融数据实时产生，且交易的复杂度和隐蔽性越来越高，传统监管手段已显得力不从心。金融科技能有效地挖掘数据背后的风险信息，帮助金融机构迅速、准确地识别和监控风险,提高风险管理效率。且随着金融科技的应用,对信用风险定价方式将产生革命性及颠覆性的影响。

其次,金融科技也能在某种程度上减少市场中的信息不对称。皮天雷和赵铁认为,信息不对称是传统金融机构进一步发展的主要制约因素。区块链技术可以将所有的资产都变成数字资产,互联网技术和大数据技术得以更高效地获取客户信息,人工智能则能通过其强大的分析能力充分利用大量数据。因此,金融科技能有效地克服信息不对称。

此外,金融科技可降低交易成本。不断降低交易成本一直是现代金融机构追求的目标。金融科技能甄别客户并更好地评估信誉,降低金融中介成本,改善融资渠道,最终实现生产效益。互联网技术使得金融机构交易成本进一步降低,且利用区块链技术后,金融机构可有效地改变当前货币流通机制,提高金融运行效率,人工智能则能大幅降低金融中介成本中比重较大的人力成本。

最后,金融科技还提升了经济社会价值。金融科技超越了传统金融市场的时空边界,降低了交易成本及信息不对称程度,改变了投资者进入金融市场的方式,减弱了投资者进入市场的专业性要求,并且其所具有的快捷、小额、交易成本低、信息较为公开透明等特征,正逐渐把用户的许多潜在金融需求挖掘出来,并与主流的金融市场耦合,形成全新的金融模式与业态。金融领域的科技公司,还能在一定程度上缓解中小企业融资难、融资贵的问题,进一步推动普惠金融发展。Philippon 认为,金融科技的真正机遇可能是将金融体系转化为杠杆率较低的金融体系。

综上,提高风险控制能力、减少信息不对称、降低交易成本、增加社会价值等均是现代金融中介产生的重要原因。正如金融中介机构凭借这些机制得以形成一样,金融科技也是凭借这些有利于金融发展的因素而得以产生。

二、基于金融功能观的视角

传统的金融理论主要从金融机构角度来着手研究金融体系，而 Merton 和 Bodie 创造性地从功能的视角提出了金融功能观。金融功能观认为，金融功能比金融的组织机构更重要，只有金融机构不断创新才能使金融具有更强的功能和更高的效率。而金融体系则主要拥有为交换提供支付手段、为企业和个人提供融资和投资机制、提供管理不确定与风险控制的机制等功能。

事实上，就为交换提供支付手段的功能而言，当前金融科技的应用成果显著。第三方支付已经在银行支付系统以外创造了一个新的支付模式，革新了传统的支付模式。此外，网络借贷平台的出现也为企业和个人提供了更多的投融资机会。随着金融科技的不断演进，传统金融发展的时空限制与边界在诸如 P2P、众筹、智能金融、加密数字货币等金融科技新模式的冲击下不断瓦解与重构。Van 的研究显示，年轻一代更热衷于选择金融科技公司而非传统金融机构的服务。

此外，金融科技或将完全颠覆传统金融服务与用户、机构与用户、用户与用户、机构与机构之间的既定关系。传统的金融服务更多的是金融机构推出金融服务与产品，让用户被动地选择与适应，但金融科技则是个性化、智能化、定制化的金融服务与产品。用户不仅可以购买金融产品及服务，还可以主动参与金融产品及服务的设计、创造与评价，且这种金融产品及服务将不再受到时空的限制。

从金融功能观来看，金融科技确实提供了新的交易手段，打破了传统投融资机制的界限，并能够提高风险的管控能力，使金融具有更强的功能和更高的效率。金融业只有不断运用先进科技，提高社会资源配置的效率，降低资源配置和资金运行的成本，增强风险识别和控制的能力，才能更好地发挥金融的作用。

三、基于熊彼特创新的视角

根据熊彼特的创新理论，生产技术的革新和生产方法的变革在经济发展过程中具有至高无上的作用。这其中的"创新"指的是生产新的产品、使用新的生产方法、进入新的市场、控制新的供应来源、实现新的组织形式。

金融科技中的诸多应用不断产生着新的金融产品及服务。金融科技以特色化的金融产品作为金融服务载体，以大数据作为金融服务的支撑，在产品使用中不断挖掘用户需求的缺口，并挖掘海量金融数据所产生的信息为客户创造价值。其本质就是将传统的依靠金融产品生产端及技术端引导客户需求转变为依靠客户需求价值创造端来提供定制化的金融产品。

金融科技作为一个新兴科技，本身即是一种新的生产运行方式，其引入了传统金融业中不存在的人工智能和大数据等技术，革新了传统金融的运行方法。同时，金融科技的应用也产生了诸如以比特币为代表的数字加密货币交易等新市场。

现实中，技术革新一直是推进金融行业的重要手段，技术即是金融行业的活力来源，金融科技本身便立足于科技。金融科技的应用也产生了一些新的金融科技初创企业，这些初创企业拥有传统金融机构所不具备的高技术、低成本等特点，形成了显著异于传统金融机构的新组织形态。

总之，金融科技具有生产新产品、革新业务方式、催生新市场、控制新来源、实现新组织的创新能力与变革力量，更加符合现代金融经济发展的根本要求。

四、基于颠覆性创新的视角

传统的企业在配置资源时总是以可持续创新和利润最大化为导

向，当新的颠覆性创新产生时，企业总是试图保护高端市场以保证利润，而颠覆性创新则通过其低廉和方便的产品锁定低端消费者进而占领市场，最终取代传统产品的统治地位。

首先，颠覆性创新的非竞争性指的是在产品初期，不与传统产品的主流产品争夺市场。在金融科技早期，金融科技初创企业并未对传统金融机构产生重大的冲击，例如众多的网贷平台也未能撼动银行的基本业务，比特币等数字加密货币也未对货币体系产生实质性冲击。

其次，金融科技的服务对象更"低端"，这里的"低端"指的是更为广阔的受众群体。传统的金融机构因为技术受限，只能服务于"高端"用户，而金融科技所带来的金融创新能够使金融惠及更多的"低端"用户。譬如，网贷平台满足了个人贷款需求，而智能投顾使更多人拥有投资信息等。

此外，金融科技也更具简便性和顾客价值导向性。金融科技是以互联网技术为底层技术而发展的，互联网技术最大的特点就是信息的传递。利用互联网的合作性特征辅助解决信息不对称，能够更为准确地了解客户的需求。大数据等金融科技的出现，也为更好地体现顾客价值导向提供了技术支撑。

最后，作为颠覆性创新，金融科技必将取代传统金融模式的统治地位。比特币的出现为建立新的支付体系提供了一个可能的方向，余额宝等金融科技初创公司也在很大程度上撼动了传统银行的存款业务。由此可见，金融科技这一颠覆性创新正在改变现行的金融格局。金融科技作为颠覆性创新，对金融行业最大的影响就是能够通过具有颠覆性意义的新兴技术手段更好地惠及更为广大的消费者。因为技术原因，传统金融不能为很多基层消费者提供精细的金融服务，而金融科技则能将基层消费者这一庞大的消费群体纳入到金融范畴中。

五、基于技术进步的视角

现代经济的增长更多的是依赖于发展和创新技术,并不主要依靠劳动的增加和资本的投入,科学技术已经成为经济发展的重要前提和技术支撑(Jukes 和 Thielemann, 1956)。技术进步不仅能够转变经济增长的方式,而且还是经济增长的动力源泉。

金融科技作为技术进步的巨大成就,本身即是科技进步的重要体现。Kumar 发现,银行即使经历一连串合并,也只能实现部分整合,仍留有多层级的技术系统,而新兴金融科技公司却能从头建立恰当的系统。新兴科技公司的运行结构无疑是更高效的。Chen 等认为,金融科技有望颠覆传统银行业的经营模式,迫使银行升级改造。新的金融组织模式将带来更具经济效率的新的支付方式、更为高效的存贷款和筹资模式以及更为合理的投资管理模式,都直观地体现了金融科技这一新的技术进步对经济增长的巨大贡献。

金融科技作为科技进步与经济发展的创新融合,本身即是未来经济增长动能的新源点。Wilson 和 Campbell 的研究表明,金融体系目前正经历一个由网络、数字融合、新的市场进入者带来的革命。Lee 和 Yong 则指出,金融科技能撼动传统金融市场的颠覆性创新,带来信息技术在金融行业推动创新的新范式。当前金融科技只是作为新兴技术与金融的最初碰撞,随着技术的不断进步,金融科技作为一个新的增长源点将不断推进经济向前发展。

本章参考文献

[1] 徐荟竹.互联网金融监管与反垄断执法二元共治[J].经济与管理，2019（1）：1-4.

[2] 甘犁，路子强，李校红.互联网金融研究综述与发展建议[J].征信，2019（12）：84-88.

[3] 黄英君，杜晓薇，何敏园.我国系统性金融风险的基本特征及其治理机制[J].上海立信会计金融学院学报，2018（6）：27-39.

[4] 熊学萍.我国互联网金融监管存在的问题及对策研究[J].商业经济，2018（12）：150-151.

[5] 李小云.我国互联网金融的发展与监管研究[J].中国经贸导刊（中），2018（35）：36-37.

[6] 白佳玉，吴绍鑫.大数据时代下互联网金融发展的机遇与挑战[J].现代营销(经营版),2019（1）：170.

[7] 葛鹏，李国庆.新技术促进互联网金融监管创新[J].厦门科技，2018（6）：7-9.

[8] 李晓榆.浅析互联网金融风险与监管路径[J].经贸实践，2019（1）：128.

[9] 黄艳斐. 强监管下的消费金融管理模式创新路径[N].上海证券报，2019，1（4）：8.

[10] 徐淑一，彭玉磊，王奕倩.互联网金融监管对P2P借贷平台有效—基于人人贷平台大数据的实证检验[J].金融学季刊，2018（4）：21-68.

第二章 传统金融扶贫的不足

第一节 扶贫未触及贫困户

一、扶贫对象识别排斥现象突出，帮扶精准度有待提升

传统的金融扶贫工作在识别贫困户口上存在着诸多困难。以中部某省的研究数据来看，其中某县的精准识别数据记载了扶贫小组在2015年的精准扶贫中的贫困户识别和甄别情况。该县扶贫办的工作人员在进行金融扶贫的过程中首先要做的就是找到需要金融帮扶的贫困对象，2015年的时候，该县经过识别，从全部的人口中识别出了9765个贫困户，为该县实施金融扶贫工作提供了一定的实施对象依据，而其中实施了降档立卡的精准帮扶对象有2153户，远低于金融扶贫工作小组识别的贫困人口，这给该县金融扶贫工作的实施造成了一定的难度，尤其是在扶贫对象选择上，众多的贫困人口都想成为金融扶贫帮扶的对象，但是，一方面由于对贫困户人口的确定存在一定的问题，

另一方面由于金融扶贫的指标有限，不可能照顾到所有的贫困人口，该县两组不同的贫困人口数据给当地工作人员造成了不小的困扰。他们要完成政府部门要求的识别贫困人口的任务，从该县较多的人口中真正找出贫困的人口，但是由于两组数据的不同使得差额部分可能会出现由财政进行补贴的情形，而政府的财政资金大多并不宽裕，难以拿出更多的资金来扶贫，这样就会使扶贫资金的金额出现严重的缺口，因此，对不符合金融扶贫对象的人口要么实施严格的甄别，要么由政府的财政兜底，但是要做到对贫困户的精准确认是相当困难的，存在着调查取证等难题，那些非意愿性的贫困人口往往会出现对于识别的排斥，从总体上降低贫困的识别精度，客观上会严重影响金融扶贫的进程和实施的力度。而如果根据贫困线的划分，就能够很好地确定贫困人口的数据，测出该县各乡镇的实际贫困人口数量，然后根据金融扶贫的指标，按照一定的标准将金融扶贫的要求下发到各乡镇去，接着由乡镇再逐级分配，最后将金融扶贫的指标下放到各个村之后，再由村逐级往上报，可以作为金融扶贫对象的数据，由该县的扶贫部门再次进行审核。这是目前大多数扶贫采取的办法，也是传统金融扶贫的主要方式。但是，这其中的问题就是对贫困对象的精准识别，由于中间存在着很大的人为因素，很难真正将每一笔金融扶贫资金都真正落到贫困对象的头上，很多时候地方乡镇会存在将扶贫款挪作他用的情形，专注于其他产业的发展，给扶贫工作的开展造成了很大的困扰。因此，在实际的扶贫工作中，存在的问题也是相似的。根据该县的调查研究报告可以看出，在测定县域内的贫困人口时是严格采用标准，但是一旦这个识别工作落到了乡镇的头上，贫困的标准就会上升或是下降，具体要根据这个乡镇的实际经济状况来操作，其实也就是没有严格地采用统一的贫困识别标准。这些特殊的变化，主要表现在一些特殊的扶贫对象上，尤其是该乡镇的特色产业上面，比如，某个乡镇的猕猴桃产业十分发达，种植经验丰富，为了实现猕猴桃产业的壮大与发展，同时亦可以通过就业的方式来实现扶贫的目标，于是，这些乡镇在确定扶贫对象之时就会人为地将扶贫的指标倾向这些种植户，但实际上这些种植农户可能并不存在所谓的贫困现象，于是就会出现人为改变贫困对象的识别标准，最后金融扶贫的项目资金就会落到这些具有产业优势的人群头上，真正的贫困户并没有享受到扶贫政策带来的优惠，对贫困对象精准识别也就存在困难了。另外，有些地方的扶贫政策会向具有带头优势的农户倾斜，选择一些生产能力和发展潜力强的农户作为扶贫对象，真正的贫困人口却被排除在外，这些看似能够一劳永逸的方式，实际上并没有真正地触及贫困户，降低了传统金融扶贫的精准度。

二、金融精准扶贫主体结构单一，金融服务创新不足

目前一些相对发达的农村地区已经基本建立了一套比较完善的金融体系，包括农村发展银行、农村信用社以及农业银行等政策性金融组织，部分地区还有商业性金融合作单位，各种类型的金融组织交织在一起，形成了一套符合农村地区发展要求的金融组织体系。但是，体系的建立并不代表在管理上实施与发达城市地区相同的运作模式。部分商业银行在经营管理上采取了扁平化的管理方式，逐利性表现较强。他们在金融资金的管理上常常实施的是"存款资金上存，贷款资金借入"的模式，贷款权限被大大地限制，而且即使拥有部分的贷款权限也主要是针对当地的大中型企业，对金融扶贫的支持力度相当小。以农业发展银行为例，金融业务支付的范围较小，在对外业务的实施上表现得较为保守，真正需要他们发挥作用的地方，比如农村的基础设施建设、生产生活条件的改善以及针对贫困人口的扶助等，实际工作做得并不到位，也没有建立相应的扶贫实施机制和体制，业务经营

上也表现得十分懈怠。由于没有足够的业务量,也没有真正地实施金融扶贫工作,导致这些地方的银行存在着业务时间较短的情形,支农惠农的实施力度相当小。虽然表面上建立了完善的乡镇金融体系,但是真正能够开展支农惠农业务的机构很少,有的金融机构几乎没有关于金融扶贫的业务往来,使得金融扶贫成为一纸空文,政策也成了一个空架子被束之高阁。但是,在这些金融机构中,还是有一些发挥了一定的作用,农村信用社这一地方性的金融机构,在建立之初就带有浓郁的地方性色彩,主要就是为本地的发展提供一定的金融支持。以上述中部某县为例,该县在金融扶贫的工作中,尤其是在乡镇地区,农村信用社成为金融扶贫的主力军。以该县2015年农村信用社的扶贫贷款为例,该县的扶贫贷款余额占到了各项贷款余额的78.22%,足见农村信用社在金融扶贫中所起到的扶持作用之大,但是,只有一家银行的扶持是远远不够的,对于一个真正需要扶贫的乡镇来讲,本地居民的存款肯定不足,那么银行能够提供的贷款资金远远不能满足当地发展的贷款需要,由于扶贫资金不足、抵抗风险能力较弱以及存在大量的不良贷款等多方面因素的影响,单靠农村信用社远远不能实现对"三农"的扶贫支持,还需要巨大资金以及众多的金融机构支持。该县除了金融机构的扶持力度不足之外,还存在着服务手段单一、业务模式范围较小等问题,其业务主要局限在存贷款上,一般的理财业务和中间业务十分少,就连网上银行、信用卡等新兴的金融业务模式和手段的覆盖面也很有限,甚至连基本的存取款业务办理点的设置也很少,业务的发生率很低,存款之后,用户的睡眠率能够达到60%以上,资金的使用频率相当低,难以真正实现通过金融的方式来扶贫。即使设置与开放有一些金融业务,但是由于没有具体结合当地的实际情况、金融知识的普及率低等问题,使得许多新兴的甚至一些出现较早的金融业务在当地都出现了"水土不服"的情形。

三、金融精准扶贫相关部门之间的联席机制较为松散，政策执行力度弱

除了金融机构本身之外，实施金融扶贫的相关部门之间也存在着一些问题，比如相互间的协作不到位，对扶贫工作的实施不积极，对扶贫政策的执行力度弱，流于表面和形式。大多数的地方扶贫都建立了一套完善的组织和实施流程，尤其是在实施金融扶贫上，由于扶贫方式的特殊性和操作的复杂性，很多扶贫主导机构都建立了相应的部门联席会议，以便在实施金融扶贫之时各部门能够很好地沟通和协调，但毕竟工作与自己部门无关，而且还会涉及利益问题，各部门之间很容易相互推诿，只是表面上答应协调工作，答应会落实上级下派的金融扶贫任务。由于工作上缺乏必要的沟通和协调，而且这些工作又不关乎自身的政绩考核，各部门之间仍然各自为政，首先做完自身的工作，很少主动接洽和配合部门间的工作。缺乏内部交流是这些部门的常态，彼此之间的工作合力相当缺乏。因此，这就需要扶贫的上级部门主动牵头，明确各部门之间的扶贫任务和工作方式，主动与有关金融机构接洽，同时，部门之间也要进行信息的共享和交流沟通，避免信息不对称甚至是严重缺乏的情形出现。此外，政府机构出台的大多是一些指导性文件，比如《中国农村扶贫开发纲要(2010—2020年)》《关于全面做好扶贫开发金融服务工作的指导意见》。这些政策文件大多是宏观上的指导意见和计划，不具有具体实施的可行性，对于下级部门来讲，顶多是一个引导，执行起来十分困难，等上级部门真正出台相应的实施细则，政策应该发挥的实际效应已经过去了，下级部门也许已经采取了其他措施，这便对下级部门的精力造成了很大的消耗。

第二节 违约率高，不具有长期性

一、县域金融发展水平弱化，资金运用效率低下

随着我国经济的快速发展，县域的金融发展形势一路向好，大多数县域地方的静态衡量金融总量的指标在不断扩大，比如存贷款量，这些都是由于经济发展向好而带动的。但是，大多数县域经济的动态金融衡量指标没有多大的变化，有的县域经济的金融发展水平却在弱化，这和当地金融业务的开展存在着一定的关系，上述的中部某县就存在着这样一个问题，静态金融总量扩展，但是动态的指标却在弱化。根据美国金融学家 Goldsmith、Mckinnon 的相关理论来看，可以采用金融相关率来研究该县的县域金融发展水平。根据该县的有关数据资料显示，该县的金融相关率自 2010 年的 1.016 一直不断下降至 2016 年的 0.829。作为扶贫的对象，该县本就是一个欠发达县域，从该县的金融相关率可以看出，金融发展水平是相当滞后的，不升反降，这与我国经济发展的总体趋势是相背离的，可见扶贫攻坚的任务还十分繁重。金融相关率低的问题同时也反映了该县在金融领域发展的不足，除了传统的存取款业务，其他业务的发展严重滞后，金融业务模式落后，金融产品单一，贷款的违约率较高，这就是当地的现状。

金融机构尤其是银行的经营能力与效率从其主营的业务中就能看出来，因此，存贷差是反映银行金融能力与效率的一个重要指标，一个地区整体银行的存贷差就能够反映该地区的金融机构的运行状态。观察中部某县的经济数据可以看出，该县在 2010—2016 年间的存贷差在一定程度上呈现上升的趋势，且上升的速度较快，反映了当地收入

快速增长，同时也可以从存贷的差额反映一个地区金融运行的效果，比如差额最大的 2013 年，存贷之间的差额差不多有 17.817 亿元，存贷差的迅速扩大反映了该县资金流的短缺，资金外流导致本地的存款金额并不多，难以支撑当地金融行业在贷款方面的发展。因此，制约当地贷款业务发展的主要原因并不是当地的劳动力没有挣到钱，而是农民工都把存款存放在外地的金融机构中，以现金的方式带回当地的情况十分少，虽然农民工挣到了钱，但是由于没有存放在当地的金融机构中，因此并不能给当地的金融机构带来充足的资金流，支持的仍然是打工城市的发展。还有一个重要原因，许多的农村信用社开始实施脱农化，对"三农"的支持力度下降，并将在乡镇地区吸收的大部分存款转移到城市中，以支持城市的发展，这给贫困地区的资金流造成了严重的影响。另一个重要原因是政策和规则的严格控制，西部地区的金融机构即使有一定的资金流，但受制于当地金融管控制度，他们不敢将这些资金投入到市场，造成了金融机构资金流出困难。再者就是因为西部地区贷款的违约率居高不下，大部分金融机构都不愿意做亏本买卖，为了控制风险，避免不良贷款率的上升，宁愿不发放贷款也不愿意冒险投放资金，使得大量的金融资金压缩存放在金融体系之内，这是西部欠发达地区所表现出来的流动性过剩的一个重要原因，这表明了那些经济不发达地区的金融机构内部积压了大量的可用资金，在金融体系内部形成了一个巨大的"堰塞湖"，导致资金的流通与周转不畅。因此，这些县域经济的金融市场发展相对滞后，所以才会出现前述的金融业务的品种和类型较少，金融科技的现代化程度在这些地方不能充分体现出来。同时，银行体系内部的直接融资缺乏，金融业务结构不平衡，融资方式不丰富，使得金融风险在这些地区显得十分脆弱，金融风险的影子时刻伴随左右，最终，当地的金融机构为了保证对风险的绝对控制而限制金融业务的开展，增大了金融业务开展的难度，存贷差的困境救护一直存在。当地的"三农"甚至中小企业都会存在融资困难的情形，这对地区经济的稳定快速发展造成了资金上的影响，企业的再生产和扩大再生产止步不前。总体来看，当地的金融业务发展水平低下，金融系统比较脆弱，风险的发生率会伴随着金融业务的开展而上升。

二、金融精准扶贫缺乏长期性、综合性的目标规划，地方金融控制影响扶贫资金配置

在撰写本书时，笔者通过数据调研了西部部分省市的县域经济发展情况，当地实施的都是传统的金融精准扶贫模式，即以当地的金融机构为支持"三农"和中小企业信贷融资需求的主要来源，这些支持大多是短期性的，缺乏长期的、有规划的、系统性的扶持政策，这使得金融机构在进行扶贫贷款之时也会存在着诸多的疑虑。短期的金融扶贫是否具有偿还能力是他们首先要考虑的问题，即扶贫对象能否按期脱贫，因为脱贫也就意味着贷款能按时归还。尤其是在一些多层次、综合性的扶贫工程中，金融精准扶贫的投入力度会相对变大，金融机构承担的扶贫风险必然也会随之上升。在金融精准扶贫的过程中，扶贫支持具有连锁反应，因为既要以广泛的基础工程设施建设以及民生工程建设作为投资来源，同时还要为这些具有公益性的投资提供生产经营方面的指导和服务，尤其是金融方面的融资贷款服务；不仅要解决扶贫对象当前存在的一些问题，如"三农"问题和中小微企业的贷款问题等，还要考虑他们的资金使用和企业经营长期计划的合理性，毕竟企业规划的合理性和有效性关系着能否如期还款等问题。当然，融资问题解决了并不意味着资金问题的彻底解决，还会存在继续扶贫所带来的对金融资金细化和具体的使用规划和安排等问题。因此，真正系统性的金融精准扶贫需要完善的和长期的系统性规划，否则很难实现脱贫，也就很难实现当地金融体系的良性健康发展。

第二章 传统金融扶贫的不足

那么，地方政府在这其中又扮演着什么样的角色呢？地方政府既是政策和目标的制定者，又是监管者和实施的主导者，但是在市场经济中，对于金融系统的过多干预反而会导致金融融资效率的低下，甚至会人为地导致不良贷款率上升，这对金融系统的健康发展来讲是致命的。地方的金融机构，尤其是地方的国有商业银行，是在当地的经济发展中随着需求和经济发展态势的变化而设置的，具有很强的地域性特征。地方政府在当地的经济发展过程中具有很强的话语权，对民众的导向性很强，能够充分地动员当地的民众甚至是大企业到银行中进行存款，但实际上这种行为与政府作为行政机关的公益性特征是相悖的。国有银行在一定程度上也可以看作是政府的一个下属分支机构，政府对银行机构的领导工作具有考核和认定的任务和权利，因此，地方的国有商业银行在一定程度上是随着政府的政策行走的，银行的资金也就会自然而然向着政府部门的项目倾斜，使得作为市场经济参与者的银行在很大程度上会受到另一个参与者政府的严重束缚，大多数的银行领导层会迎合当地政府的发展要求，在资金上进行一定的倾斜。比如，最典型的一个地方政府控制地方商业银行信贷的例子：许多地方政府建立了自己的融资贷款平台，给自己的受限融资贷款能力开绿灯，像建立一系列的城市建设投资开发有限责任公司等，为本地的基础设施建设和其他的大型项目提供贷款上的支持，实际上是变相增加政府预算或是财政赤字，使得许多地方政府的负债水平居高不下。这种方式既影响了当地金融行业的有序健康发展，也导致了地方政府债务控制的失衡，很容易出现地方政府资金严重不足的情形，这种不足的表现不仅仅是没钱，相反，是钱用得太多，使得政府负债超过了警戒线水平。

同时，我们应该看到的是，正是金融扶贫工作的开展以及上级部门的默许，使得一些地方政府部门有很大的冲劲来利用行政权力干预金融系统的运作，毕竟这是借钱做政绩，政府的财政资金几乎不用动用，承担的风险也较小，只是这种做法严重地干预了地方金融生态。从长远的角度看，后来的政府会承担相当沉重的债务压力，实际上也并不利于金融精准扶贫的长期性、持续性。

三、金融精准扶贫的风险防范机制不健全，担保体系缺失

一方面，缺乏必要的农业金融保险。我国的保险行业起步较晚，保险的种类相对较少，尤其是在农业保险方面，种类少而且普及面窄。我国大部分贫困地区都处于山地和丘陵地区，这些地区的农牧业是发展得较为完善的，但农业的抗风险能力不足，农民的收入很多时候是靠天气来决定的，加上这些地区本就多自然灾害，使得农牧业的产量受到较大的影响。许多金融机构在进行精准扶贫之时首先考虑的是这些地方的还款能力和潜在的收入，他们一旦看到这些地区的状况后，第一反应就是很容易累积信贷风险。金融风险的发生率很高，对实施金融精准扶贫的金融机构来讲是一个不小的阻力。那么如何改善这些金融机构的看法呢，这时候就需要相关的保险机构承保来打消机构的顾虑，因此，完善这些地区的保险体系有助于推进金融扶贫的进程，对分散金融风险来讲显得至关重要。前面提到的中部某县的乡镇是以种植猕猴桃为主要特色和优势产业，猕猴桃产业在金融扶贫上对保险的需求相对较高，那么就可以从这方面进行完善。但是，为什么保险没能够在这些地方发展起来呢？要知道，保险机构也不傻，既然金融机构能够考虑到的风险，保险机构自然也会想到，要想完善这些地区的农村保险，当地的农民就要承担较高的保费和相对较低的保险金额，这也就是当地一直没能够给农业上保险的原因。从整体上来讲，也是因为我国保险行业发展的不充分和不均衡导致的，抑制了农村地区的保险行业进入和发展。但也并不是没有保险公司实验过，根据该县的

有关文件显示，中国人寿保险曾经就该地的农业保险进行过试点工作，当地的人保 2013 年的保费收入为 1852 万元，其中农业保险 122 万元，占总体保费收入的 6.59%，可以看出，农业保险的参与规模较小，保费收入较少，一旦发生自然灾害或是广泛性的市场波动，保险公司很容易亏本，因此，这就需要保险公司在保险的种类和赔付方式上下功夫。

另一方面，农村信用担保体系的缺乏，这也是大部分农村地区存在的现象。最重要的原因是我国对信用担保体系发展不够重视，许多扶贫县域没有正规的担保公司，即使有，也是体系不健全，担保机制未形成，而且主要是针对简单的风险承担，对于较大的保额和潜在风险，担保公司往往不会接单，很难分散金融扶贫中的信贷风险。扶贫资金缺乏必要的信用担保，二者没能在地方金融扶贫上形成合力，对资金的运用就会缺乏必要的监管，资金的使用效率就会降低或是不能更好地提升。还有需要注意的是，农村的扶贫贷款能够抵押的担保物的范围十分狭窄，农村的抵押品实际能够承担的担保能力有限，担保物的实际价值较低。至于使用宅基地或是田地进行担保义受到法律的限制，我国的《物权法》和《担保法》明确规定了集体林权、农户宅基地和土地承包经营权等不能拿到市场上进行交易，也就无法实现担保的需求，无法直接参与到担保的过程中来。虽然有的地方可以使用农村土地承包经营权进行担保，但是这仅限于试点地区，还没有能够广泛地推广开来，因此，缺乏专业的第三方担保机构使得农村信用贷款存在许多质疑，农村信用社和商业银行难以真正地做大，放心地发放贷款，扶贫的资金动力也就会不足。

第三节 影响既有金融市场的稳定

自1986年以来,我国金融扶贫已经实施了30多年,取得了巨大的成绩,这在全世界都是有目共睹的,而我国也成为全世界首个实现了联合国"千年发展目标"的国家,并且比西方发达国家更早实现,具有重大的历史意义,为全球的减贫工作做出了巨大的贡献,使得全球的贫困发生率降低了40%左右,对全球贫困的减缓贡献率超过了70%,有力地承担起了一个大国应负的责任。截至2015年年底,我国金融机构针对贫困地区的扶贫贷款总额达到了4.15万亿元,为扶贫工作做出了较大的贡献,在政府的主导下,贫困地区的金融环境得到了一定的改善,金融资源匮乏的情形有了一定的缓解。但是,金融扶贫带来的副作用还是不容忽视的,金融扶贫工作还存在着较多的问题,一方面,金融行业的利润有所下降,同时银行的不良贷款率快速攀升,因此,金融扶贫工作的开展对金融行业产生了一定的影响;另一方面,金融扶贫的长效机制受到了制约,不利于培育完善的金融扶贫产业和体系。因此,本节主要从金融扶贫所带来的负面影响展开,详细地探讨金融扶贫过程中产生的不利于金融行业稳定的因素,同时结合国务院发布的有关《中国农村贫困监测报告》以及相关学者的研究,揭示当前金融扶贫存在的现实困境,为形成金融扶贫的长效机制给出一定的建议。

一、政府主导、机构实施的委托—代理问题突出

从金融扶贫的参与者角度来看,政府是主导,金融机构是主力。政府作为扶贫工作的发起者和引导者,制定了相关的金融扶贫方案,

第二章 传统金融扶贫的不足

拟定了实施政策和指导意见，通过事先完善的规划与政策规范的制定，积极引导金融领域的资源有序地进入到扶贫领域的有关地区，积极为贫困地区的经济建设与贫困人口的脱贫提供资金上的保障，因而，各类金融机构就充当了金融扶贫政策的积极参与者与实施者，而贫困地区和扶贫对象就成为金融扶贫的受益对象。金融机构在扶贫过程中扮演着重要的角色，为扶贫工作的顺利开展提供了相当大的支持，没有金融机构的大力支持，金融扶贫政策就不能有效地落到实处，金融扶贫所需要的资金就会十分匮乏，金融扶贫的道路就会堵塞，因此金融机构对金融扶贫政策的落实意愿关系着金融扶贫机制的有效运转。但是，金融机构是商业性组织，是参与市场经济的重要组成部分，其任何业务的实施都是基于商业运转与可持续性的考虑。而金融扶贫具有高风险、高成本等特征，这些都是金融行业投资或是发放贷款中最忌讳的因素，很容易使得金融机构在实施金融扶贫之前就望而却步。因此，在金融领域嫌贫爱富的本质特征的推动之下，委托—代理的方式自然而然就产生了，它是金融机构规避风险的一种选择，但却很容易导致金融扶贫偏离本质的目标以及出现精英俘获的现象等。

现实调查也证实了上述的担忧，我们可以从2015年某贫困地区农户调查数据看出，在被调查的564户贫困户中，有444户存在借款的需求，占到了总体的78.72%，而实际上存在借款行为的有384户贫困户，但是这些贫困户中只有60户是从正规金融机构借款的，占比仅为15.62%；而从非正规的金融机构中借款的农户就有324户，占比高达84.38%，占比之高，反映了贫困户对正规金融机构借款途径还缺乏一定的了解。根据其他研究学者2010年的调查采样数据显示，贫困户中真正存在信贷借款需求的占比达到了74.91%，比例也是相当高的，借款的理由以治病、教育、婚姻为主，大多数的生活借款需求都能够克服，在这74.91%的借款农户中，能够真正做到向正规金融机构借款的只占到了31.36%，正规获取借款的贫困户占比仍然不高。我们可以看出，随着社会的发展，尤其是经济发展速度的加快，农户对借款的需求有所上升，但是能够做到从正规金融机构借款的贫困户的占比反而下降，其实这一方面说明了融资途径的增加，另一方面也说明了正规融资途径的狭窄和融资环境的恶化，贫困户从正规融资机构获得贷款的困难程度相对来讲越来越高了。从金融资源的获取方式来看，2016年的调查数据显示，贫困户真正能够从正规金融机构获得融资贷款额度平均为2863元，而收入较高的农户获得贷款能够达到6936元。而国务院发布的《中国农村贫困监测报告》显示出了改善的情形，2016年扶贫重点县的贫困户能够从正规金融机构获得的融资贷款额度平均为7985元，表明了金融扶贫在这其中起到的巨大的作用。但是，从前后两个数据的变化可以看出，金融机构对贫困户的融资贷款还是有一定的限制和顾虑，如果不是政府大力推动金融扶贫，有政策的大力支持，金融机构是不愿意冒着高风险、以低收益的成本来为贫困户提高贷款额度的。由此可以看出，政府主导之下的委托—代理模式存在的问题被掩盖了，一方面，有限的金融扶贫资源很难真正到达精准的贫困户手中，金融资源并没有得到有效、合理的配置；另一方面就是针对金融机构本身而言，缺乏市场机制的作用会导致金融资源配置效率低下，金融行业的稳定性很容易受到影响，银行的不良贷款会因此而飞升，同时金融扶贫的效果也不明显，难以达到政府预期的效果。

二、金融扶贫的外部环境制约

要想很好地实现金融扶贫的目标，当地经济产业的发展情况起着很大的作用，扶贫的基础性条件就在于地区经济产业的发展基础是否能够支撑扶贫的资金需求，即能否有足够多的企业为当地的金融市场提供足够的资金，这样在实施金融扶贫时，金融机构或是地方政府才能够有足够的资金投入到扶贫工作中，为当地的扶贫产业和特色产业注入资金流，真正发挥金融扶贫应有的作用，推动贫困地区的经济快速发展。产业一旦快速发展起来了,就能够带动更多的贫困人口进行脱贫,走上致富的道路。因此,可以看出,金融扶贫工作的顺利开展离不开当地金融机构的资金支持,当地金融机构的资金量又取决于当地经济的发展状况,经济水平越高,企业的资金量就越多,金融机构能够提供的贷款额度也就会上升,这也是实现金融扶贫的重要保障之一。理想如此,但实际上却面临着许多困难。既然是扶贫,当地的经济发展水平自然不高,要想利用金融进行扶贫,就那些偏远贫困地区的金融发展现状来讲几乎是不可能的。根据抽样调查显示,在那些偏远的贫困地区,有 2661 份是关于农户的有效调研样本,在这些样本中,2253 户居住在十分偏远的地区,所处的地理位置十分不利,无论是从经济发展还是从交通便利程度来讲,要想快速脱贫或是利用金融来实施脱贫攻坚的任务,都是十分困难的。这些占据了不利条件的贫困户占到了总体贫困户的 86.88%,给扶贫工作带来了极大的困难;其中有 2411 户的贫困户认识到了当地的经济发展水平不够,本地区的非农产业十分落后,有的地方甚至没有非农产业,这种情况占到了总体的 90.61%,这是金融扶贫工作中最不愿意看到的一种情形,缺乏必要的产业依托,金融扶贫的风险就会急剧上升。因此,贫困地区的区位条件不利也是限制其进一步发展或是致贫的原因之一,外部条件难以支撑金融扶贫所需要的生产要素,生产不发达,流动性自然就差,这对金融行业的发展来讲本身就是一个巨大的风险和弊端。当地的金融资源无法被有效地激活,金融的流动性和产业的发展程度就会相当的低下,相关的技术和人才也就难以被输送到这里,无法对外界形成一定的虹吸效应,即使有金融资源进入,也会因为区位的原因而导致金融资源无法发挥出应有的效应和传导机制,金融扶贫就无法行得通。所以,金融扶贫不能够盲目地推行,要结合当地的实际情况,否则,金融发展的外部条件不给力就会直接制约金融扶贫的效果和自身的发展,对扶贫的信心也会造成一定的打击。此外,由于自身条件的限制,贫困地区的金融资源的获得性比较低，金融扶贫在当地的进展中也存在着诸多不足，根据对贫困户的相关调查数据显示，多达1915户距离当地的金融机构较远，很难及时获得有关的金融服务。可以看出，这些地区的金融基础设施的建设进度十分缓慢，对当地金融扶贫的基础结构具有相当大的制约性，贫困户获取金融服务的成本较大，金融资源的可获得性较差，制约了金融扶贫工作的进一步开展。

三、贫困地区农户的"造血"能力不足

对于任何的扶贫方式来讲，"造血"总比"输血"要强很多，金融扶贫也不例外。贫困地区的贫困人口是金融扶贫最主要的帮扶对象，也是能否实现扶贫成果的关键。作为扶贫的对象，如果他不想富，任何人都不能够改变他的现状，只有扶贫对象能够合理和有效地利用金融资源，最终实现"造血"，才能真正说明金融扶贫的成功，否则，金融扶贫就可能永远在路上。那么，问题就出在最关键的"造血"功能之上，很多时候，造血功能不足是导致金融扶贫不能够取得良好成效的原因。纵观在针对具体对象的金融扶贫中，"造血"功能的严重不足是内外部原因共同导致的。首先，从内部的因素来看，贫困人口自身长期处于低物质水平状态，生活的质量和外界的环境几乎没什么较大的改变，这样的后果主要体现在人力资源禀赋积累严重不足，身体素质都不好，又何来的经济建设的力量呢？从现有的关于扶贫的相关研究中可以看出，贫困地区剩余人口的内在发展动力不足，自我改变意识也不够强烈，自身都不愿意改变，又怎么能够要求别人帮你改变呢？其实很多时候，贫困地区的剩余人口以老年人为主，改变意识自然也就不足，同时也表明了这些地区严重缺乏能够投入到经济建设的有效的劳动力人口，人力资本不足。对于市场的形成及其健康发展，人都是起着关键的作用，既然市场缺乏必要的基本要素，那么金融资源的进入就很难发挥有效的作用，金融扶贫的运作机制也很难撬动起

来。从扶贫调查报告来看，贫困户的基本情况主要表现在人力资源的构成以及劳动技能上。首先，在人力资本方面，贫困人口的教育构成是需要重点关注的因素，在贫困户中，有98.58%的贫困户户主的受教育程度是在初中及以下，其中小学文化以及文盲占比高达86.17%，这对金融扶贫来讲极为不利，很多人不了解金融是什么东西，接触得少，而且还具有较大的风险恐惧感，要想真正有效地实施金融扶贫是相当困难的。其次，从家庭成员的受教育程度来看，有高达89.48%的贫困户家庭成员的教育程度是高中及以下，通过家庭成员带动这条路又行不通了。再者，"万贯家财不如一技在身"，我们可以关注这些贫困人口的劳动技能的掌握程度和类型，可是，毕竟是穷乡僻壤，真正能有机会接触和系统地学习一定劳动技能的人口占比相当的低，超过95%的贫困人口没有掌握任何的劳动技能，更不用说那些特殊的劳动技能了。从调查中可以看出，在问及贫困户的致贫原因时，大多数的人都认为是由于没有一技在身造成的，没有掌握能够改变生活的技能，这一比例达到了62.76%。那么从外部因素来看呢？其实贫困地区的扶贫工作一直在开展，只是以前采取的是便捷的"输血"方式，由此导致的一个不良后果就是大多数的贫困人口已经习惯了"输血"式扶贫，对这种扶贫模式产生了一定的依赖心理，既然不用自己动手就能改变生活，为什么要主动地改变呢？因此，在"输血"式的扶贫方式的长期影响下，贫困地区的贫困人口对扶贫模式的认知已经形成了固定的看法，产生了等、靠、要的消极思想，这严重地阻碍了"造血"式的扶贫工作的开展。综上，正是这些地方在"造血"扶贫模式上存在着诸多不足，使得这些地区的"造血"能力严重不足，进而严重地影响了金融扶贫工作的开展。

四、金融扶贫的相关配套不足

金融扶贫需要一定的基础才能充分地发挥其作用，而其功能的发挥严重依赖于信用贷款、银行储蓄、保险行业以及担保、信托等各种模式的金融业务的广泛开展，共同为金融机构的正常运行提供服务，形成一系列的组合拳保障金融扶贫工作的持续和正常开展，而并非是简单地利用信贷的方式扶贫。通过各种类型金融服务的相互配合、协调，有效地为扶贫工作的开展保驾护航，不仅能够放大金融扶贫所带来的积极效应，还能有效地防范和化解金融风险，协同支持金融扶贫工作的正常开展。但是实际上许多贫困地区并不存在这样完善的金融扶贫机制和体制，有的地方甚至连金融业的基础性产业都不存在，这给金融扶贫工作的正常开展带来了极大的困难。根据扶贫部门的调查研究可以看出，这些扶贫对象所在区域的金融配套服务设施相当落后，金融服务的供给严重不足，甚至难以支撑金融扶贫工作的开展和运作。就以前面提到的金融保险业务来看，政策性的农业保险有了一定的积累，但是普及率却相对较低，贫困地区的扶贫对象中能参加或是已经参加农业保险的贫困农户的比例为60%，尚有高达40%的农户没有参加农业保险，可见贫困农户的金融服务参与率较低，金融市场的普及率还不够高，而且金融业务的类型也比较少，还主要以农业保险为主，融资以及信托等现代化程度较高的金融产品和服务在这些贫困地区几乎不存在，金融体系不完善，金融行业的发展还十分落后，因此也就无法实现各类型的金融机构齐头并进，共同参与到金融扶贫的进程中来，无法实现金融服务相互协作的格局。而在外部制度的构建上，首先，农村金融体系的法制尚不健全，主要是因为对实体经济的格外重视和对金融等虚拟经济的格外严格，导致了我国金融扶贫领域还缺乏相关的法律法规；其次，监管制度也严重缺乏和不到位，现今的金融扶贫机制在多数的地方还是处于探索阶段，很多时候金融扶贫出现的问题都不能够被及时地监控和处理，金融扶贫的效果就可想而知了；最后，产业扶贫的老问题又再次重现，金融扶贫的重要基础就是产业发展的水平，直接关系到金融扶贫能否真正地发挥作用，然而产业扶贫监督机制的缺乏，最终导致了实际的扶贫目的与最终的扶贫效果的偏离，很多时候地方政府打着扶贫的旗号，将当地和引进的企业与精英农户连接起来，成为切割扶贫资源的联合体。

通过分析，我们能够看出我国在传统的金融扶贫工作中存在的问题以及实施过程中陷入的困境。对于金融扶贫改革，我们提出的最主要的建议就是将新兴的金融科技引入进来，除此之外，为了解决目前的困难，我们认为，首先，要在农村进行金融改革，完善乡村的金融体系和法律法规，尤其以经济上取得成效作为改革的标准，但是这样做的话有可能会抑制金融扶贫的根本目的和实际效果；其次，强调货币供给但是又不能过分强调，货币供给并不意味着资本的必然积累，严重的话还会导致严重的通货膨胀等问题，因此，金融扶贫的导向应该是以产业的发展为基础，通过产业的快速发展为金融扶贫提供动力，本末倒置结果就会适得其反；最后，扶贫还要具有针对性，要根据扶贫对象的实际情况进行扶贫，这就是金融扶贫可能会产生的"门槛效益"，即在扶贫时要注重培养贫困户的内生增长动力，要形成自己的增长源。综合来讲，在新时代下，我国实施金融科技扶贫时应该根据实际情况，做到具体问题具体分析，避免最后出现"一刀切"的情形。

本章参考文献

[1] 陈锡文. 推进城镇化建设 [M]. 北京:国家行政学院出版社, 2013 (10): 12-13.

[2] 邓维杰. 精准扶贫的难点、对策与路径选择 [J]. 农村经济, 2014 (5): 19.

[3] 诺斯. 制度、制度变迁与经济绩效 [M]. 上海:上海三联书店, 2008 (8): 12-16.

[4] 杜晓山等. 扶贫性金融原理与运作 [M]. 上海:上海财经大学出版社, 2001 (9): 22-26.

[5] 国家统计局住户调查办公室. 中国农村贫困监测报告 [M]. 北京:中国统计出版社, 2016 年.

[6] 黄承伟. 中国农村反贫困的实践与思考 [M]. 北京:中国财政经济出版社, 2004 (6): 55-56.

[7] 胡鞍钢, 童旭光. 中国减贫理论与实践 [J]. 清华大学学报(哲学社会科学版), 2010 (4): 106－112.

[8] 焦瑾璞, 杨骏. 小额信贷与农村金融 [M]. 北京:中国金融出版社, 2006 (6): 12-16.

[9] 金融业发展和改革"十二五"规划课题组. 中国金融业发展和改革的顶层设计与总体规划 [M]. 北京:中国金融出版社, 2013 (2): 32-36.

[10] 李红梅. 走出"三农"困境的城镇化发展研究 [M]. 北京:知识产权出版社, 2013 (6): 28-31.

[11] 马宇. 金融体系风险分担机制研究 [M]. 北京:经济管理出社, 2006 (5): 28-29.

第三章 我国精准扶贫现状

社会主义的本质要求也为我国的扶贫工作提出了要求,即消除贫困,改善民生,实现共同富裕,可见解决贫困问题一直都是我国作为社会主义国家的本质任务,初心使命一直未改。我国在扶贫领域一直都是走在世界的前列,尤其是在金融领域,紧跟政策的步伐,时刻为扶贫提供金融上的支持。中央召开扶贫工作会议后,中国人民银行也及时召开了相关的研讨会,为实施扶贫攻坚任务做好金融系统内的准备,及时在全国范围内召开金融行业电视电话会议,一方面及时地落实有关扶贫攻坚的中央决定,另一方面在全国范围打下实施金融扶贫的基础,让金融单位提前做好准备,同时着手实施银行系统内的金融精准扶贫工作,并召开一系列的座谈会,落实工作安排,统筹部署与安排全国的金融扶贫工作。随着中央的号召以及中国人民银行的积极响应,就如何精准地实施金融扶贫工作全国的金融系统内部已经积极地行动了起来,全方位的金融助推脱贫工作正在有序地落实。目前看来,在减贫行动中,金融精准扶贫已经逐渐成为我国贫困地区,尤其是农村地区实施金融扶贫的重要内容。就目前的工作进度和实施安排来讲,最重要的就是积极落实各项金融扶贫政策,扶贫工作要落到实地,不能有丝毫的含糊。要紧紧地围绕"精准扶贫、精准脱贫"的战略推进扶贫工作,利用金融扶贫的广泛性与实效性,及时地建档立卡,精准地记录扶贫的效果与脱贫的情况，大力发展普惠性的金融业务和模式，让更多的人参与到金融精准扶贫项目中来。不仅仅是贫困人口，还应包括脱贫和非贫困人口，通过多人员和多渠道的方式加大对贫困人口以及贫困地区的金融辅助，采用增加信贷的方式着力推动扶贫攻坚战的最终胜利。

从社会主义的本质要求我们可以看出，扶贫攻坚战一直以来都是我国基层组织治理的重中之重，关系到国计民生。随着扶贫方式的不断改进，尤其是精准扶贫的提出与实施，我国的扶贫工作取得了极大的效果，针对性的扶贫大大地提升了我国扶贫攻坚战的有效性。我国也在逐步地确立精准扶贫攻坚战的基本方针与策略，为全面建成小康社会目标的实现建立一套完善的治理体系。因此，我国在"十三五"规划纲要中明确提出了要全面地实施脱贫攻坚战："贯彻精准扶贫、精准脱贫基本方略，创新扶贫工作机制和模式，采取超常规措施，加大扶贫攻坚力度，坚决打赢脱贫攻坚战"。规划中还指出了要真正实现全面脱贫的目标还需要正确处理好三个环节，分别是贫困人口的精准识别与动态管理，及时地处理出现的贫困问题，精准地评估扶贫的绩效与成绩。这三个关键环节，又以精准评估扶贫绩效为重点，该项环节既关系着精准扶贫与精准脱贫的保障工作，又是前两项关键环节的重要支撑与反馈。所以，可以看出精准评估在扶贫工作中的重要性，要通过对绩效评估的准确应用实现扶贫绩效、控制扶贫返贫以及巩固扶贫成果。

第一节 精准扶贫的提出

一、提出背景

（一）巨大的减贫成效背后贫困问题依然严重

现行的扶贫标准有了大大的提高，是我国经济发展水平提高的一个重要的表现，如果以现在的贫困标准来衡量改革开放以前的社会，我国整个的农村社会几乎都处在一个完全的贫困状态，贫困的态势在那时候还是十分的严峻。根据官方数据显示，1978年，我国农村地区的贫困发生率达到了97.5%，这给我国的扶贫工作提出了巨大的挑战。改革开放以来，我国的贫困人口已大幅度地减少了，正是由于中央不断推进的扶贫战略以及我国经济水平的快速提升，促使我国扶贫工作快速进展，贫困人口在总体上呈现出逐渐递减的趋势。2012年，随着党的十八大的顺利召开，我国对扶贫工作提出了新的要求与改革的新方向，自此以后，我国的扶贫工作进入了新的阶段，贫困人口的发生率降到了10.2%，农村的贫困人口由最初的7.7亿人下降到了9899万人，这在世界范围内都是罕见的，为世界的扶贫工作做出了巨大的贡献。2013年，我国第一次提出了精准扶贫的目标，在2020年全面建成小康社会之前圆满地完成我国的扶贫任务，实现全面的小康，真正让经济发展的成果惠及每一个人，因此，我国的农村贫困人口同时出现了快速的下降，截至2016年年底，我国的贫困人口已经减少到了4335万人，贫困发生率进一步下降至4.5%，扶贫攻坚任务取得了巨大的成效。

但是，随着扶贫攻坚进入到了决战的时刻，每一个贫困人口的脱贫都显得十分的艰难，尤其是那些处在边远地区的贫困人口，要想实施"造血"式的扶贫十分困难。尽管我国的扶贫工作取得了巨大的进展，但是扶贫的道路上仍然存在着诸多的困难和险阻，越是到最后，要解决的问题就越是复杂和艰难，到目前为止，仍然存在着近 3000 万的贫困人口，扶贫攻坚的状况不容乐观。首先，虽然我国的贫困发生率已经下降了许多，达到了 4.5%左右，相比自身而言扶贫工作已经取得了巨大的进展，但是仍然占了世界同期贫困人口的 11%左右。其次，从农村贫困人口的分布来看，也为我国扶贫工作的开展制造了不小的困难，呈现出局部集中和整体分散的布局特征。根据国家民政部门公布的相关数据可以看出，2012 年年底，重点扶贫县以及连片特困地区之外的贫困人口在总人口中的占比分别达到了 48%和 49%，这给集中扶贫造成了不小的困难，使得扶贫的规模效应降低，扶贫成本相对上升。此外，就重点扶贫县以及连片特困区来讲，这些地方的贫困发生率居高不下，其中重点扶贫县和片区县的贫困发生率超过了 20%，在大力扶贫的推动之下，仍然高达 23.3%，返贫的现象也是时有发生。从全国范围来看，仍然有 6 个省份的贫困发生率超过了 20%，一些地区的贫困发生率甚至超过了 40%，扶贫攻坚工作的形势仍然十分严峻。贫困地区需要改变或是改善的方面还有很多，经济的发展水平较低，基础设施还不能维持正常的生活需求，公共服务水平不达标，与全国的平均水平还存在着一定的差距，这也是一些地方处于深度贫困的原因之一。

（二）开发式扶贫难以满足全面建成小康社会的减贫目标要求

我国扶贫经验的转变主要体现在由"输血"功能转向"造血"，扶贫的方式和模式有了很大的变化。因此，开发式扶贫也就成为我国当前最主要的扶贫方式，这是我国扶贫过程中总结出来的经验和基本特征的表现，在我国的减贫事业中占据着重要的地位。从 1982 年到 1994 年的扶贫发展过程中，各种模式的扶贫基金纷纷建立起来，并在之后的扶贫工作中不断发展，扶贫的资金来源更加广泛，社会参与更加积极。就目前社会中存在的扶贫资金而言，主要有发展基金、少数民族发展基金、希望工程基金、扶贫贷款贴息以及以工代赈基金，从最初的建立到不断地完善，这些基金的水平和体量已经十分庞大，为我国的扶贫开发工作做出了不小的贡献和资金上的支持。

自从1994年以来，我国日益关注贫困人口以及扶贫工作的开展，相继出台了一系列的扶贫规划纲要，主要有《国家八七扶贫攻坚计划（1994—2000年）》以及《中国农村扶贫开发纲要（2001—2010年）》《中国农村扶贫开发纲要（2011—2020年）》（分别被简称为《纲要1》和《纲要2》），开发式扶贫的模式和指导方针一直贯穿其中，对我国的扶贫工作形成了关键性的指导。在扶贫工作中最常见的就是转移支付，但是转移支付的类型和运作的方式有很多种，最常见的就是具有救济性和补贴性的转移支付，这种支付与我们提到的"输血"式扶贫存在着诸多类似的地方，国家层面的规划纲要强调的转移支付主要是一些前期的投入资金的补助，利用这些政府补贴资金进行资源的开发与产业的建立与生产，鼓励贫困地区的贫困人口充分地利用当地的资源优势，因地制宜地发展适合本地区的经营模式，鼓励和动员贫困人口参与到经济发展的活动中来，同时由政府给予一定的支持，在前期资金的投入上以及基础设施的建设，甚至对前期的市场开拓都可以由政府牵线搭桥，为扶贫工作奠定基础，而不是一次性的消费性扶贫。可以看出这种开发式的扶贫模式具有相当大的带动效应，因为最初的扶贫针对对象不仅仅是贫困户，开发项目依赖的经济主体面向的是整个贫困区域而不是单个的贫困户，能够实现开发式扶贫的开发效应，真正带动一个贫困片区的贫困人口脱贫致富。从这个角度我们就能够理解一些扶贫开发模式中所提出的溢出效应以及"精英俘获"效应，也就是说这种开发式的扶贫模式即使针对的是贫困人口，但是受益的群体却是全面的，最终的结果是贫困者变富而富者更富，使得扶贫的效果和惠及面更加全面。开发式扶贫的好处在于它还解决了一系列其他方面存在的问题，政府在经济开发中的辅助者的角色，让贫困户在贷款以及资金的获取上有了很大的优势，这就能够解决部分贫困户存在的资金上的困难。但是，毕竟资金是有限的，金融行业也需要盈利，扶贫本身就具有公益性，因此，从整体上来讲，扶贫贷款的普及率以及覆盖率是不高的，覆盖的贫困户的范围有限，尤其是对一些自身发展水平就很低的贫困县来讲，发展能力弱，脱贫能力差，资金的需求就会成为一个很大的问题，这些问题在后来的中共中央以及国务院出台的《关于打赢脱贫攻坚战的决定》中表现得十分明显。由于大多数贫困地区的贫困发生率会出现整体性的情况，基础的薄弱性决定了扶贫资金的需求量很大，在这样整体性贫困的区域，要想进行开发式扶贫，对于那些缺乏发展能力同时又没有发展机会的贫困户来讲，从整体上会呈现出一种递减的扶贫效应，继续深入地推进减贫工作就会显得很难，这对全面建成小康社会所提出的减贫目标的实现形成了巨大的阻碍。

（三）国内及国外已有扶贫瞄准的先导性实践

精准扶贫的思想发展历程在国内外都有着极强的实践性，尤其在我国，作为社会主义国家，我国在精准扶贫的实践上有着较长的先导性经验，有关的思想起源比较早，为我国的评估工作指明了方向、奠定了理论基础，也为国外有着类似境况的国家所借鉴。在全世界范围内，对贫困的精准识别与精准瞄准一直都是实践中普遍关注的问题，也是学术界讨论和研究最多的领域。扶贫方式由于扶贫的类型不同有着不同的针对对象，一些普惠性的扶贫措施，像基础教育、公共卫生和基础设施建设等领域中，针对的是普惠性的人群，并不是特别针对贫困人群而言，除此之外的大部分扶贫措施都是以贫困对象为目标。这类的例子有很多，比如前述的"输血"式扶贫和"造血"式扶贫，

第三章 我国精准扶贫现状

这其中具体的例子又有实际现金或是实物的转移,通过就业扶贫以及小额信贷的方式扶贫。例如,巴西的 Bolsa Familia(家庭补助)项目、墨西哥的 Oportunidades(机会计划)项目以及东南亚国家菲律宾的 4Ps 项目,这些都是典型的精准扶贫代表,建立了具有特殊性的精准识别系统,利用电子信息技术瞄准贫困对象。这些项目在针对的对象上具有共性,即以有未成年子女或是有孕妇的家庭为主要帮扶对象,而且还规定了其他的帮扶条件,比如要参加国家规定的卫生保健计划以及有一定的教育参与度,在满足了这些条件之后,就能够获取政府提供的精准帮扶支持,主要是以现金补助为主,可见在方式上还存在着一定的问题,并不具有可持续性。在孟加拉国也有类似的计划,但是在根本上存在一些区别,一方面是多维度的扶贫模式,既有孟加拉乡村银行提供的一些针对贫困户的小额信贷支持,另一方面就是技术上的扶贫,给予扶贫对象一定的技能培训,该项目的名称为"瞄准极端贫困",成为该国实施精准扶贫的主要模式,目的在于向贫困户提供生产性的资产和技能培训,真正实现贫困户的脱贫而不是短暂的脱贫。这个项目在国际社会上具有较高的知名度,根据孟加拉政府的报告数据显示,到 2013 年,该项计划已经累计帮扶了超过 130 万个家庭,正以每年 9 万~10 万户家庭的帮扶水平和速度推进,2015 年,该国原有的贫困户中有超过 95%实现贫困退出,这也获得了国际组织的认可。而更引人关注的是我国的扶贫计划,毕竟基数很大,扶贫的难度前所未有,因此我国在扶贫领域的工作和进步也受到了国际社会的一致好评。一直以来,开发式的扶贫模式都是我国扶贫工作的主导模式,政府扶贫工作小组也一直倡导将有限的资源真正地用到扶贫领域的实处,让真正的贫困户和贫困地区真正地受益,这就意味着在贫困户的识别上需要扶贫小组多下功夫,不断地探索和改进精准扶贫的瞄准和识别问题。鉴于孟加拉国的实践经验,我国在 20 世纪 90 年代中期引进了部分孟加拉国的扶贫模式,像乡村银行的小额信贷扶贫模式被接入到中国的贫困地区实施，是我国实施较早的一种精准扶贫和扶贫到户的具体扶贫模式，在我国取得了一定的效果。正是因为看到了该扶贫模式积极的一面，《纲要1》和《纲要2》也将这种扶贫模式列入其中，成为我国扶贫工作中的一项正式的指导。具体到实际的扶贫实践中，关于精准扶贫的识别最早是通过入户调查的形式进行的，早在2004年，湖南省首先展开了入户调查然后实施精准扶贫的方式，调查每户家庭的实际经济情况，在全省范围内进行普查，最后将调查结果全部汇总录入到数据库。湖南省家庭情况调查的原始数据，也成为日后展开精准扶贫识别的数据依据，通过数据的分析就可以一目了然地了解贫困户的信息。根据湖南省的调查数据显示，全省贫困户人口数占全省农村人口数的40%，这种建立扶贫数据库的思路和想法在一定程度上是借鉴了智利、哥伦比亚等国建立的精准扶贫信息库的模式，为我国的扶贫工作打开了新的思路，而不再是以前发现一起针对一起的扶贫模式，可以事先对贫困户进行精准识别，避免在扶贫时遗漏扶贫对象。鉴于此项模式运用的有效性，自2009年以来，我国开始在广东、四川等地推广实施农户信息录入的扶贫模式，在国家的指导之下，从一省的层面来探索实施精准扶贫模式和建立全省人口相关信息数据，为我国后来实施的精准扶贫的模式积累了经验。有了早期的借鉴和探索，我国日后的精准扶贫实施有了更多的参考和依据，其中，我国在1997—2003年间实施的最低生活保障体系计划，分别为城市和农村的居民实施最低的生活保障，其前提就是要对所有的居民进行家庭信息的等级调查，这也为我国日后实施精准扶贫提供了技术和数据上的支持。

（四）精准扶贫思想有坚实的理论支撑

精准扶贫也有思想支撑和理论研究的基础，其中最本质的思想就根植于中国特色社会主义理论当中，为我国精准扶贫的实施提供思想上和理论上的指导。中国特色社会主义理论是根植于中国的实际国情的基础之上形成的关于我国政治、经济、军事、文化、社会等各个方面发展的理论指导，是马克思主义在我国的发展中形成的最新成果，研究的主题是关于我国如何建设和发展中国特色社会主义，具有划时代的理论意义，成为我国改革开放新时期的理论指导和参考依据，着重回答了实现什么样的发展以及怎样发展的基本问题。社会主义的本质问题充分地体现在了我国社会主义的建设历程当中，贯穿于我国各项历史任务之中，从我国目前的实际来讲，就是要求摆脱贫困，实现真正的小康社会，解决全民的温饱问题。党的十八大以来，我国又有了新的历史任务，即提出了关于全面建成小康社会的新奋斗目标，全面地脱贫已经成为制约我国全面小康目标实现的主要障碍，也是我国全面小康实现的最主要的一个表现，因此，在这种情形之下，精准扶贫和全面的扶贫任务被提上了政府工作的日程中来，成为党和政府工作的重要指引。除此之外，经过多年的关于扶贫理论和实践的积累，我国关于扶贫的方式和理论研究已经有了一定的成果，在国际上也引起了关注和称赞。美国著名的社会学家 Sen 指出，贫困既会限制人的想象，也会限制人的基本能力，意味着一些基本能力会被剥夺，这其实和传统的贫困的定义有所相似，可以看作是对贫困含义的追根溯源，即传统的理论认为贫困就意味着福祉被剥夺了，基本要求得不到满足，相关的能力也被剥夺了。因此，前述的关于贫困的理论又可以被称作能力贫困理论，随着人们认知的多样性和研究的深入，能力贫困理论就转化为多维贫困理论，即在研究导致贫困的原因时，不能仅仅局限于能力的原因，经济贫只是贫困最主要的表现，应该从多个方面来考察贫困的成因和结果。这也正是精准扶贫所需要的，即要精准地了解致贫的原因，才能够很好地对症下药，做到精准施策，才能制定出精准的扶贫标准和方式。因此，当下在实施精准扶贫时，很多时候采用的扶贫方式是从教育和技能或是劳动培训上着手，其实这就是遵循了多维贫困理论。

二、形成过程

精准扶贫是由习近平总书记提出的关于贫困落后地区的工作方法，是他在贫困地区长期工作之后得出的理论，根植于他在基层工作的实际经验之中，这也表明了习近平总书记对贫困地区的扶贫工作有着深厚的感情。在《摆脱贫困》一书中，收录了习近平总书记在担任中共宁德地委书记期间的工作讲话和撰写的一些文章，这些文章和讲话都存于1988年到1990年的地方工作记录中，他在地方工作期间提出了许多扶贫工作思想，比如"弱鸟可望先飞，至贫可能先富"，扶贫先要扶志，扶贫工作要有水滴石穿的干劲，要不断地进入到基层的工作中去了解基层贫困人口的真实想法，更要牢固地树立群众路线等。习近平总书记在带领地方脱贫致富的工作经历中积累形成了一套对扶贫工作的思想和理论指导，在其担任福建省委副书记期间，推动了福建对宁夏精准扶贫工作，推动了对口帮扶工程的进行，在宁夏地区建立起了扶贫的代表性成果，即闽宁村（后发展为闽宁镇）这一成功的扶贫典范。

党的十八大胜利召开之后，习近平总书记十分关切扶贫的问题，第一时间来到环京津冀贫困带实地考察，在河北的阜平县考察贫困问题时提出了扶贫要有"针对性"的说法，要实地考察每一户的经济状况，摸清一家一户的实际情况，哪家长、哪家短在扶贫工作人员的心里都要有数，不能盲目地扶贫，这些讲话都是精准扶贫思想的萌芽，为精准扶贫的提出奠定了理论和实践的基础。2013年11月，习近平总书记来湖南实地考察贫困和扶贫的情况，在实地了解了十八洞村的扶贫现状之后，明确提出了扶贫工作要实事求是、因地制宜的扶贫的思路与办法，切实地喊出了精准扶贫的口号，此后，精准扶贫的思想就开始在全国的贫困地区和扶贫工作中推广开来，扶贫有了新的理论指导和研究发展的方向。因此,从官方的角度来讲,这可以被看作是第一次提出精准扶贫的概念。同年12月,中共中央办公厅和国务院办公厅共同印发了《关于创新机制扎实推进农村扶贫开发工作的意见》,明确提出了要在此后的扶贫工作中逐渐建立起完善的精准扶贫机制,真正推动精准扶贫的有效实施。2014年,精准扶贫的人口识别工作开始展开,全国各地的贫困人口数据相继被录入到数据库中,并建立了相应的建档立卡信息系统,为正式实施和推广精准扶贫机制打好了坚实的物质基础。此后,在习近平总书记的多次走访调研中都提出了精准扶贫的思想,2015年1月,习近平总书记来到了西部贫困高发的重点省份云南省进行实地的扶贫调研,在考察时指出要实施精准扶贫和精准脱贫工作,因地制宜地制定最适合本贫困地区的政策,扶贫工作要真正落实到每一个贫困户的头上,扶贫要到点上、要具有针对性,第一次将精准脱贫的说法与精准扶贫放在一起,使得精准扶贫有了更多的理论支撑,并且在实地调查以及综合各地的扶贫经验的基础之上,提出了许多扶贫工作办法和具体的做法以及指导意见。2015年6月,由于精准扶贫工作已经进行了一段时间,扶贫也已经取得了一定的成效,因此在贵州省召开了关于各省市的扶贫工作研讨会以及关于"十三五"期间的扶贫工作安排等一系列座谈会,详细地报告了各地的扶贫经验,加强各地扶贫的经验交流,并且在会议上提出了许多关于精准扶贫的概念和理论指导,如"六个精准""四个一批"以及三位一体等重要的扶贫观点和经验。

  2015年是精准扶贫思想理论发展的重要一年,总结了前几年扶贫工作中的经验和教训,11月,中央召开了关于扶贫的工作总结会,习近平总书记在会上做了关于扶贫的重要讲话,内容十分丰富,深刻地阐述了我国扶贫工作在精准扶贫上取得的一系列成就和实践中存在的一些尚待解决的问题,对精准扶贫和精准脱贫做了一个详细的阐述,将有关的扶贫思想和研究以及实践进行了总结,标志着我国关于扶贫的研究和思想理论问题已经基本成型。12月初，关于会议的总结和报告以《关于打赢脱贫攻坚战的决定》（简称《决定》）的形式出炉了，这可以视为关于精准扶贫有关理论和思想总结的官方表述。《决定》对当下的扶贫思想进行了系统化的总结，将扶贫的理论和思想固定下来，形成了我国关于精准扶贫思想和实践的具体的指导方针，解决了我国扶贫长期缺乏统一的指导思想，扶贫模式单一，缺乏理论和实践上的必要的支持等问题。到了后来，扶贫的有关思想越来越成熟，2017年年初，全国两会召开期间，关于精准扶贫的思想有了进一步的发展，习近平总书记在会上作了关于精准扶贫的重要讲话，提出了精准不仅仅是针对贫困对象的识别上的精准，精准还包括在整个扶贫的全过程中，深入实施精准扶贫工作还需要扶贫工作小组付出更多的努力，需要下一番"绣花"般的真功夫，在扶贫的过程中创新扶贫的体系和理论，真正落实精准扶贫的一系列指导，而不是空喊一句口号。至此，关于精准扶贫的思想和理论得到了进一步的完善，形成了一个基本完善的思想体系。

三、基本内容

精准扶贫既是一种思想也是一种扶贫的指导方式和实践经验的总结，关于"思想"的定义和认知，哲学范畴认为它是人们的思维或是大脑活动之下的产物，形成了人们对外界事物认知的一种结果或是观念体系，简单来讲就是客观存在的事物在人脑中的反映。那么精准扶贫思想就是关于精准扶贫工作的一种完整的观念和体系，是人们在长期的实践中总结而来的，核心的内容就是我们常说的精准扶贫和精准脱贫，当下的主要工作方向就是脱贫攻坚和"绣花针"似的扶贫，这些都是精准扶贫内容的体现。精准扶贫的思想是由习近平同志提出的，并在扶贫实践的运用中不断地升华和完善，最终形成了一个体系化的理论架构，是习近平总书记治国理政思想的重要组成部分。首先，关于精准扶贫的思想应该在全党、全国的范围内形成共识，牢固地树立以习近平总书记为核心的中国精准扶贫和精准脱贫的思想理论体系，将总书记的扶贫思想和理论不断地升华，并在扶贫的实践中作为指导标准；其次，精准扶贫思想在不断的扶贫实践中得到了检验和深化，随着扶贫工作的开展，精准扶贫的思想理论也得到了不断的完善和丰富，经过了全国扶贫工作者的检验，成为被全国所认可的治国理政思想，也是马克思主义中国化和中国特色社会主义的重要组成部分。

1. 精准扶贫。

精准扶贫的"精准"包括六个方面的精准，覆盖了扶贫的全过程和脱贫的各个方面。"六个精准"是对扶贫工作精细化和精准化的界定，明确精准的方向和内容，使得扶贫工作小组在实施精准扶贫的过程中更加具有针对性，扶贫涵盖的范围更加广泛，从扶贫到脱贫的全过程都有涉及。这"六个精准"分别是指"扶持对象精准、项目安排精准、资金使用精准、措施到户精准、因村派人精准以及脱贫成效精准"，可以看出精准扶贫的实施非常的全面，包括了扶贫工作中可能会涉及的所有问题。其中最关键的就是扶贫对象精准，即要精准地识别贫困人口，包括对贫困村、贫困乡以及贫困县的精准识别，做到事无巨细，无一遗漏，然后再通过建档立卡的方式对精准识别的贫困对象实施相关的扶贫政策和措施。我国贫困人口的识别方式，总体上具有大同小异的特点，大多是通过线下的民主评议的方式来确定本地区的贫困人口，根据本地区的经济情况以及相应的指标，把贫困人口控制在一定的范围之内。项目安排精准是指在设计扶贫开发项目时要基于当地的实际需要和发展背景及基础，设计出真正适合本地区的扶贫开发项目，真正地契合本地区致贫的根本性原因，而不是没有深入地分析本地区的致贫原因就盲目地引进或实施一定的扶贫项目。资金使用精准是指在扶贫资金下发之后，如何分配使用这些资金。区域内各个扶贫小组有着不同的需求，对资金的需求也有不同，有的地方多有的地方少，可是资金并不一定能满足所有人的需求，资金的使用是否惠及了每一个贫困人口，资金又是否能够落实到真正有迫切需求的对象，是否真正符合实际的需要，这些都是实施精准扶贫要重点考虑的，资金往往又关系到扶贫的效力，因此，对资金的精准分配值得关注。措施到户精准，是指资金安排、人员安排等措施的实施是否具有针对性，措施是否到位，是否符合实际的需要。"打蛇要打七寸"，措施的落实要落在要点上，而不是实施了就行了，资金虽然分配了，但是是否分配到了真正的贫困户手上，又是否真正做到了效率的最大化，值得思考。因村派人精准，主要是指在指派贫困村的第一书记以及在分配工作队的组建上积聚一批有能力和见地的人员，尤其是第一书记的指派上要特别慎重，要具有相当的扶贫经验和能力，能够结合本地区的实际情况实施扶贫工作，满足本地的需求，而并不是随意选任一个人来机械地执行上级的安排，没有主见和能动性很难带动一个地方脱贫致富。脱贫成效精准是指在扶贫的结果上要具有针对性，是在我们实施相应的扶贫措施之后得出的结果，而不是贫困地区自身发展的结果，这就要求扶贫工作队能够针对性地实施一些扶贫措施。可以看出，这"六个精准"是环环相扣的，要对症下药才能够取得相应的效果，扶贫的结果才能够达到相应的标准，贫困户的收入才能够切实增加。

"六个精准"涵盖了扶贫的全过程和各个环节，能够真正做到精准扶贫，其中最重要的三个环节就是贫困人口的精准识别、精准帮扶和精准脱贫，这是精准扶贫中最重要和最关键的三个环节。首先是对贫困人口的精准识别，要正确地找到需要帮扶的对象，找出那些潜在的贫困家庭和贫困人口，使扶贫更加具有广泛性，不至于落下任何一个贫困人口。在此基础之上，分析致贫的原因，做到精准施策。如果不能够很好地识别出贫困人口，一方面会使扶贫工作缺乏必要的针对对象，甚至扶贫工作的开展都会存在困难；另一方面，如果贫困人口识别错误，不仅不能够解决贫困现状，反而会加剧贫富差距，造成新的不公平。如果对致贫的原因识别错误，就会导致先前所做的一切都成了无用功，实施帮扶措施时会因此受到影响，不仅没有达到扶贫的真正目的和效果，反而还会浪费扶贫资源。其次，要做到帮扶对象的精准识别，准确地确定出需要帮扶的主体以及实施的帮扶项目，以及帮扶资金的精准使用，避免造成新的不公以及扶贫资源的浪费，这就需要扶贫工作小组之间的密切配合，需要各方的有机配合。尤其是最能够发挥主观能动性的帮扶主体，具有更大的主体责任，需要弄清项目的实施机制以及资金的运作机制。最后便是精准扶贫的效果，要建立相关的扶贫考核评价机制，明确扶贫要达到什么标准才算是脱贫。

2. 精准脱贫。

精准脱贫的主要方式和途径，归纳总结为这几个方面：发展生产脱贫一批、易地扶贫搬迁脱贫一批、生态补偿脱贫一批、发展教育脱贫一批以及社会保障兜底一批，即"五个一批"。其中，发展生产脱贫就是通过发展经济或是发展产业的方式来实现对贫困对象的帮扶，以产业的发展来带动经济的发展，经济发展了，贫困户才有更多的摆脱贫困的方式和途径。产业的发展，针对的对象通常就是贫困户，产业发展了也就意味着扶贫的成功，贫困户就能从产业的经营中分红、收益或是通过就业等方式来实现脱贫。易地扶贫搬迁的方式主要针对的是那些经济发展受到了地方资源和生态环境的影响，使得进一步的扶贫会遇到诸多困难的贫困地区人口，而直接搬迁的方式将会降低扶贫的成本，同时扶贫的效果也确实显而易见，能够尽可能地克服由生态环境恶劣和资源匮乏等因素带来的影响。生态补偿针对的是那些生态环境脆弱地方的贫困人口，要实现有效的扶贫就必须把生态补偿同各种扶贫措施结合起来。要注意的是，生态补偿的目标和对象本质上并不是针对贫困户本身，其目的是改善当地的生态环境情况，最终实现扶贫和环保的双丰收。发展教育，就是通过大力发展贫困地区教育的方式实现扶贫，提高当地的教育水平和受教育程度，杜绝因为经济原因而导致辍学的现象发生。教育扶贫既保证了贫困人口的受教育水平，同时又能提高当地人口的素质，增强贫困人口实现自身发展的能力，从长期的角度来实现扶贫的目的，克服因为教育导致的扶贫短板。社会保障兜底，主要针对的是缺乏必要的劳动能力的人群，既然不能通过劳动的方式实现扶贫的目的，那就只能对这些残障和患有大病及长期慢性病的人群提供必要的社会保障支持，用社保来维持他们的基本生活水平。

3.脱贫攻坚。

脱贫攻坚要有明确的扶贫目标，在目标的推动下建立相应的扶贫工作保障体系，为整个扶贫工作的有效开展提供制度上的支持和保障。在国家发布的《中共中央国务院关于打赢脱贫攻坚战的决定》（以下简称《决定》）和《纲要 2》中明确提出了在实施精准扶贫的过程中需要把所有的扶贫目标结合起来一体化展开，有力地推动整个扶贫工作的开展。主要的扶贫综合性目标包括以下几个方面：实现农村贫困人口不愁吃、不愁穿；除了实现法律规定的义务教育之外，在医疗保障上要实现在整个贫困地区的全覆盖和全推广，为实现整体脱贫的目标提供社会保障和支持；实现农村贫困人口的有效脱贫；实现区域性脱贫目标。要实现全部的脱贫目标也就意味着整体的精准扶贫措施的有效性，但是也要看到实现这个目标的困难是巨大的，脱贫攻坚的过程中存在着诸多的困难，需要根据实际情况采取措施加以解决，因此实施精准扶贫和脱贫，有必要重点关注两个方面，一是要实现扶贫工作的有效政治动员，二是要为实施扶贫工作提供有效的支撑力量和支撑体系。《决定》明确提出了中央扶贫工作组在整个扶贫工作中应起的领导和支撑作用，从全社会的角度来动员精准扶贫实施的积极性，制定整体实施精准扶贫的方案和政策，动员全社会的力量投入到整个扶贫工作中，对所有的扶贫工作小组起到凝聚作用和思想指导作用。

首先，在扶贫工作的领导体制上，要实施有效的领导制度。根据扶贫工作组的不同层级，针对不同的扶贫对象，形成一套有效的扶贫工作领导体制，中央统筹领导，地方具体实施，在地方又要分为省、市、县三级，不同的工作地点制定不同的实施制度，同时引入社会扶贫力量，通过行业和社会公益扶贫力量的积极参与，构建完善的社会扶贫机制。其次，保证扶贫资源的充足性。这些资源最主要的体现就是扶贫资金的多少和扶贫资金的真正落实情况，除了需要财政资金的有效投入和优化配置，还需要社会资金的积极介入，以弥补财政资金的力有不逮，增加整体的社会扶贫资金的投入程度。再次，还应该从人才培养和科技投入上着手。人才在整个扶贫机制中起着关键作用，需要大力培养扶贫领域的重点人才，尤其是在金融领域和产业发展中具有显著能力的人才，为当地的金融精准扶贫出谋划策，有效地开展和实施金融精准扶贫。最后，还要建立有效的监督和考核机制。扶贫不仅仅是把扶贫的工作和任务落实就行了，还需要保证实施和落实的措施是正确的，实施的手段是充分和有效的，这就需要建立层层监督的扶贫机制，同时明确各层级的扶贫工作组的扶贫责任，建立起有效的社会考核机制和社会扶贫的责任监督机制。

4. "绣花功夫"抓扶贫。

所谓"绣花功夫"，是指要通过细致的工作来实现扶贫，尤其是对于一些重点和难点问题，"绣花针"似的扶贫工作方式显得尤其重要。关于"绣花功夫"的扶贫思想是习近平总书记在精准扶贫的思想理论中一并提出来的，是对精准扶贫思想的最新的理论发展和研究，是基于实践得出来的关于扶贫办法的有效总结，有效地将精准扶贫工作与精准脱贫工作结合起来，实现扶贫与脱贫机制的有机统一，是指导一个地方扶贫工作开展的有效的理论力量。实际上，在精准扶贫的思想理论中，贫困人口的精准识别和扶贫工作的针对性是整个扶贫中需要重点关注的问题，比如针对一地的实际致贫原因和当地长期以来所依托的扶贫产业，根据基础设施的建设情况以及相关产业基础的完整性和发展的可持续性等特征，来解决当地扶贫的精准性和有效性的问题。此外，除了要基于当地的实际情况，还应该有所突破，不断地与时俱进和开拓创新，通过体制机制的改革，克服扶贫工作中存在的机制上的障碍，打破常规的思路，从新的角度寻求产业的创新突破，实现扶贫开发的突破性进展。这些创新主要是针对传统扶贫开发工作中存在的一些机制和程序上的低效率及无效工作，如单纯依靠人力建档立卡的贫困人口信息的登记和记录，会使得整个扶贫开发的进程显著地减缓，有时候由于信息的复杂性和多样性又会使得整个扶贫开发的进程严重滞后，工作人员在检查、登记和核查监督等事项上投入的精力太多会使得整个精准扶贫工作难以快速和有效地开展，即使开展起来，整个工作的效率又会变得极低，一些基础性的工作需要投入的精力太多，整个扶贫工作的有效性就会被打折。但是在实际中也能看到一些快速处理基础事项的情形，如凉山州地区的"悬崖村"问题的快速解决、湖北长阳"空中红旗渠"的用水问题的解决就是快速解决的实际案例，这都是精准扶贫和脱贫工作中具有典型特征的案例。建档立卡的快速有效性，主要表现在如何有效地实施建档立卡工作，既要实现信息搜集和录入的快捷高效，同时还要在事后的信息检查中做到快速和高效，且不需要反复地检查，浪费较多的精力。

第二节 精准扶贫的实施与推进

一、基层治理者的贫困帮扶选择

　　精准扶贫的实施首先应该从基层做起，贫困往往也是出现在基层的社会群体之中，因此，扶贫尤其是基层扶贫应该针对性地实施相应的扶贫措施，建立和健全完善的扶贫机制和工作运行机构，使基层扶贫工作能够顺利地开展。在当前的基层扶贫工作中，实施扶贫的机构或人员主要有三种类型：扶贫干部（主要是县一级的扶贫工作人员）、对口帮扶单位以及下派的驻村干部（包括村中的村干部）。在实际的扶贫实施过程之中，扶贫工作小组或是扶贫干部主要遵循技术治理的逻辑，而非简单地依靠人力带动，这样的扶贫方式既费时又费力，对扶贫工作的开展和成效的取得难以产生较大的促进作用。在扶贫工作的考核中应该更加看重对整个扶贫过程的关注和协调，同时注重对结果的考核。对于扶贫工作人员来讲，由于这些扶贫的力量都是由国家总体调动而来的，具有国家层面的总体动员性，因此，无论是对口的帮扶单位还是扶贫干部在扶贫中最关注的仍然是对扶贫结果的考核，这其中只有村干部不受扶贫的目标或是指标的制约，他们最初的任务就是实现对基层群众自治的管理，不需要受国家层面总体扶贫要求的制约，也没有国家扶贫任务的压力。因此，在实施扶贫工作的这三种人群中，仅有原生的村干部是比较自由的。但是，这并不意味着村干部在扶贫工作中是完全无压力的，事实上，村干部面对的施政压力是最大的。为什么呢？因为，虽然国家层面并没有给村干部下达一定的扶贫指标，但是，在扶贫等事物的安排上，驻村干部或是县一级的扶贫干部具有较大的话语权，在施政时也就具有较大的权威，村干部由于对当地了解最为深刻，他们必须积极配合扶贫工作的实施，尤其是具有极大扶贫压力的下派干部，往往会把这些压力转嫁到村干部身上，由此，村干部在地方扶贫上具有的优势在扶贫工作中就会体现出来，与扶贫干部或是驻村干部这两种"局外人"的不同之处在于，村干部对当地的社会、政治、经济、文化等的发展历史和现状最为了解，在信息的获取上具有极大的地方优势，在基层中具有密切的关系网络，对处理一些人际之间的事情更为拿手，因此，一旦真正开始实施扶贫工作，就会严重地依赖于村干部，需要村干部在工作实施的过程中提供各方面的协调；此外，村委会不属于政府部门，也不属于行政组织，是我国特有的基层群众自治组织，村干部是由村民自主选举出来的，是能够为本村村民说话和服务的，在村民中具有较大的威信，其行事也是严格按照乡村社会的基本秩序进行的，深刻地体现了乡村社会发展的业态，因此，他们在实施基层的扶贫工作中能很好地倾听基层群众的呼声和要求，切实和及时地处理群众的要求。

（一）"帮穷"还是"帮亲"

扶贫政策是到位的，但是在进行扶贫工作时，用于扶贫的资源却是有限的，难以实现对扶贫对象的全覆盖，扶贫的过程中就会出现一系列的问题，尤其是在扶贫资源的使用上，用于何处？用多少？何时用？都会成为扶贫资源分配中棘手的问题。尤其是农村地区，作为我国扶贫的重点区域，扶贫的资源十分匮乏，外部的资源供给不足，资源竞争激烈，资源的使用动向等问题是扶贫工作的一个重点和难点。基层的扶贫工作中经常会出现这样一种情况，在实施扶贫政策之时，由于扶贫的资源是有限的，所以常常会面临扶贫资源该用于谁的问题，到底是"帮亲"呢，还是"帮穷"呢？这是在扶贫中切实存在的问题。从理性的角度来看，扶贫资源"帮穷"能够真正实现扶贫的目标，这与扶贫的本质目的也是一致的。但是，实际情况并不是这样，很多时候，扶贫工作人员"帮穷"反而不会得到大多数人的认可，导致实施扶贫工作与基层治理理论之间产生诸多的冲突。实际上，农村社会之间的差距并不是建立在贫富差距之上的，贫富并不会给农村社区造成有效的隔离，真正能够造成社区分割的只有亲疏关系，正是以这样一种分割文化为根基，在实施扶贫政策之时，"帮亲"才会成为众多人的选择，"帮穷"反而会退居其次。

从实际的扶贫工作可以看出，关于贫困户的名额存在以下的显著特征：首先，扶贫干部中有一些是出生于本地的人员，这些干部所在的自然村在分配贫困户的名额时会得到更多的倾斜，这就体现了"帮亲"的扶贫特征；其次，人口也会影响所在村的贫困户名额的多少，人口越多在分配或是拥有贫困户的比例上就会越高，这其实也是第一个特征的体现，在人口越多的行政村，能够选出的村干部或是村支书的名额越多，或是在选举之时投票率也就越高，更容易选出本村的扶贫干部。这两个特点说明了在实施精准扶贫的过程中不可避免地会出现"帮亲"的情形，这种倾向在许多扶贫地区都存在，它的存在具有一定的合理性。这也是村干部与驻村干部之间的一些差别，对于驻村干部而言，通常不会出现"帮亲"的情形，毕竟他所工作的贫困地区并不是他会长期居留的地方，在经过三年的扶贫工作考察之后，扶贫干部就会回到原来的单位，也就意味着他的扶贫工作和任务结束了，从此以后与贫困村几乎不会有任何的联系，他的扶贫经历也就会成为一个历史。但是，村干部却不同，他们是土生土长的当地人，基本上一辈子都会生活在这个行政村，处理事情之时自然就会有许多的羁绊，在实施扶贫工作之时就会考虑许多的伦理价值，还要担心由此带来的各种后果。

"帮亲"一定程度上是由于我国传统文化的影响，把家庭看得十分重要，尤其重视宗族之间的纽带与联系，因此，大多数的村民自然而然就会认为村干部在实施扶贫工作时本就应该更多地帮扶与自己关系亲密的群体，作为某个家族的一员，自然就有义务为这个家族甚至整个村子谋求最大的利益，这种利益的来源自然是国家福利。那么村干部能不能改变这种情形，将国家福利平等地分配到每一个人身上呢？事实上这样做的风险和难度可想而知，被村民选举出来的村干部，他们首先要遵循的价值就包括了这种传统理念指导下的伦理价值观，对国家福利的分配早就有了固定的方式，其实，从根本上来讲，他们本身就比较认可这种伦理价值，也正是他们对这种"帮亲"伦理观的认可才得到了大多数村民或是选民的一致推选，对这些价值的遵奉其实就是对选民的尊重，一旦出现拒绝"帮亲"的情形，其实就是对选民的一种远离，拒绝"帮亲"也就意味着拒绝了支持自己的选民，村干部在该村存留的时间就不长了。很多时候村民与村干部之间的关系因为看待的人的角度不同而有所差异，一旦村民向村干部求助，在局外人看来，这就是村民寻求村干部解决事情的一种表现，与其他人并没有什么不同，但是局内人则不会这样认为，我们所说的"帮亲"色彩此时就会表现得尤其浓厚，当事人自然地会认为这是一种伦理关系之间的互动，他们之间的关系首先表现出来的是一种亲缘关系，而不是村民与村干部之间的角色关系。在确定彼此之间的看法后，就会以这种亲缘关系为基础确定彼此之间的行为方式，确立以此为基础的互动方式和原则，似乎就比普通的村民与村干部之间的关系要亲密得多，在办事的时候，村民就会更放心。在大多数的村民看来，村干部是无法拒绝这种建立在亲缘关系之上的求助的，即使拒绝，村干部也都是十分委婉和间接的，尽可能地避免自己在村民心中成为一个不近人情的官本位思想的人。当然，在基层治理中难免会出现一些无理要求，扶贫工作亦是如此，许多人都想分国家利益的一杯羹，很多不符合扶贫标准的村民挤破了脑袋也想成为扶贫的对象，有的贫困户虽然贫困，但是并不符合扶贫的条件，因此，一旦遇到这种问题，村干部就会感觉很棘手，很多时候秉公办理又会导致诸多的骂声，因此只能将这些问题转嫁给其他人，比如没有亲缘关系束缚的驻村干部，又或是交给上级干部来处理这些问题。这些人都有一个共同点，即都是局外人，不会受到亲缘关系的束缚，在处理本村事务上就会更加公平、公正。对本村的村民来讲，他们也更能理解这些人的行为，毕竟他们不属于本村的人，在本村没有利益上的勾连，也就更能让村民信服，认为这些人是真正来筛选和甄别贫困户的，不存在所谓的亲缘关系在里面。因此，我们不难看出，在实施精准扶贫过程中，所存在的一些贫困户识别走位的情形，往往就是由前述的"帮亲"的伦理关系所导致的。

（二）"帮穷"还是"帮能"

从宏观的政治经济结构和背景来看，市场化导致的二次不平等是造成贫困的总体性原因，国家扶贫政策也正是为了纠正由此带来的不平等。然而，具体的精准脱贫过程，却依然有赖于市场化的政策手段，比如产业扶贫，因此，精准扶贫是"用发展的手段解决发展的问题"。但是，当精准扶贫项目最终落实到一个个具体的入户项目时，也意味着项目实施者必须具备相应的市场能力，而这不是所有被帮扶者都一定具备的。

精准扶贫的初衷是精准帮扶市场化中的弱势群体。市场化中的弱势者有两种类型：一种由于缺乏市场机会而成为弱势者；另外一种则是因为缺乏市场能力而处于弱势。通过扶贫开发将资源总体上向乡村社会倾斜，的确会带来农村市场机会的巨大改善，但是，单从农村本身来看，尤其是当精准扶贫面对一个村庄共同体时，在外部和本地的市场机会均等的情况下，精准扶贫所瞄准识别的贫困者主要是那些更缺乏市场能力的农户。这是因为，市场能力更强的农户要么是通过在本地生产经营已经脱贫，要么是已经外出打工就业而脱贫。与市场能力相伴随的是，其中一些农户同时也缺乏发展意愿。因此，项目入户的精准化反而给基层治理者造成了一个难题：那些缺乏市场能力和发展意愿的农户往往在短时间内是没有办法帮扶到位的，但是脱贫考核

金融科技助力精准扶贫问题研究

又决定了必须按时完成脱贫指标。

某贫困村首期扶贫项目是养鸡。全村共有 140 户贫困户,除去 9 户缺乏劳动能力的农户,为其余 131 户贫困户都派发了 50 只鸡苗和一袋鸡饲料。项目实施后,很多贫困户的确通过养鸡项目受惠,但是也存在一些问题。驻村干部发现,一些贫困户不具备养鸡所必需的生产技能和生产资料,有的贫困户把鸡养死了,还赔上了饲料钱;有些贫困户觉得养鸡太麻烦,甚至干脆就把鸡苗送给了村干部或者其他亲戚。因此,一些村民便对实施精准脱贫项目的合理性和必要性产生了质疑,有村民表示:"你发鸡给穷人,他本来就没有什么钱吃饭,又怎么有钱养鸡呢?养鸡需要投入,有的鸡越养越小,有的鸡没人照料,最后真正养好的还是有钱人家的,这些贫困户不懂如何养鸡,没有经验不说,也没有成本去投入。"

不仅农户这样想,有些村干部和驻村干部也是这样想。有些村干部颇有微词:"国家给他们发了钱,转个背就打麻将了。"驻村干部经常会遇到一些不在贫困户名单上的农户,他们发展的能力和意愿都很强,主动提出是否可以一起做点生产项目,但是由于他们不在贫困户名单上,驻村干部只能婉拒。这就是精准扶贫面临的一个"二律背反"问题:政策瞄准的对象是那些缺乏市场能力和劳动意愿的农户,而那些有足够能力和意愿承接扶贫项目的农户却不在扶贫政策范围之内。

对此,驻村干部和村干部在施行项目入户时,必须认真考虑由此引发的伦理问题。一方面,在资源结构(包括市场机会、社会氛围、生产条件等)已经固定的情况下,村庄社会已经进行了比较明晰的社会自然分化,那些市场能力强、发展意愿强的农户已经脱贫致富,进入村庄的上层,而除了那些残、病等人力无法改变的情况之外,那些市场能力差、发展意愿不足的农户也就自然进入村庄的下层。另一方面,与之相对应的,人们更加赞赏有劳动能力的人、有劳动意愿的人,而贬低劳动能力低的人、缺乏劳动意愿的人。在农民看来,将扶贫资源分配给谁,就是在肯定谁,国家扶贫政策去帮助这些"笨拙"和"懒惰"的农户,意味着国家在肯定这些农户的做法,那么,也就进而肯定了"笨拙"和"懒惰"这两种生活原则。尽管国家精准扶贫政策主观上是为了帮助"后富者",但是这不免解构了国家"帮穷"的社会正当性,让国家扶贫政策陷入"反伦理"的社会境地。于是,在这两者之间,基层的政策执行者往往产生摇摆,有些政策执行者坚持"帮穷",有些政策执行者则变通地"帮能",将那些不够资格的农户纳为贫困户,这样不仅可以更符合基层的伦理价值,而且也会更容易达成脱贫目标。这就为精准扶贫的失准埋下了第二个伏笔。

(三)"帮穷"还是"帮弱"

国家的精准扶贫政策根据经济收入水平确立了帮扶的贫困户名单,并且坚持以此为基础开展精准脱贫项目,这实际上相当于在富裕者和贫困者之间设置了一种新的区隔。然而,贫穷与否只是一种经济状况,而单纯经济上的状况并不能直接与道德状况以及人们对此的道德态度画上等号,毕竟社会伦理的谱序是按照道德状况而不是按照经济状况来排列。在基层伦理秩序中,致贫原因对贫困者的道德地位起到了非常关键的作用。简单来说,那些由内因导致的贫困,比如懒惰和愚笨,通常很难获得基层社群的同情与帮助;相反,那些由外因比如伤、病、灾、残导致的贫困,则更容易获得基层社群的同情与帮助。那些不以个人意志为转移的客观原因,让贫困者成为道德意义上的弱者,而道德意义上的弱者更具有帮扶的正当性。也就是说,"帮弱"比"帮穷"更加具有伦理上的正当性和优先性。

某贫困村有 6 个自然村,其中一个自然村的主任表示:"让我做(扶贫)的话,我肯定先照顾那些残的、弱的,那些做不了事的。贫困户要看家里的劳动力有多少,有多少吃闲饭的,生活负担有多少,要给那些家里负担比较大的。比如说，有的家里四个小孩，小孩都出去打工了，夫妻俩还能做一些事，那不可能给他们的嘛。如果有一户人家，只有一个人做事，有一个老人，还有一个残疾人，做事的这个人又不是很玲珑，不管怎么样，你要给他的嘛，要扶贫就要扶这些人。"

从村主任的表述中，我们不难看出，自然村作为一个生产和生活共同体，是一个有机整合的道德共同体，村主任作为整个自然村的代表（由村民民主选举），对整个自然村具有道义上的责任。在村主任看来，村庄中的那些生活负担较为沉重的、偏瘫、残疾的村民由于外在的原因，生活负担非常重，因此，这种弱势状况最值得政府干预，而且这种对弱势群体的干预要优先于发展问题，也就是说，要先"帮弱"，再"帮穷"。然而，在国家精准扶贫、精准脱贫的系统工程中，尤其是脱贫压力巨大的情况下，以扶贫办干部为代表的治理者希望优先解决贫困户的发展问题，再解决兜底的社会保障问题，即先"帮穷"，再"帮弱"。这两者之间的张力与摇摆，为精准扶贫的失准埋下了第三个伏笔。

（四）"帮穷"还是"帮需"

事实上，贫困户只是一个政策上的抽象人群，而不是真实存在的社会层级。因此，如果不是政策主动瞄准，很少有自称是贫困户的人来向村干部提出帮助自己脱贫，也没有一项叫作"帮穷"的村庄政治生活和公共议程，即"帮穷"不太具有施政的正当性。但是"帮需"却可以形成一个极具正当性的基层公共政策话语。这是因为"穷人"不会主动提出来"帮穷"，而有需要的村民却经常提出来"帮需"。农民的生活不是刻意安排的，而是由一系列充满随机性的社会遭遇组成。当他们的生活面临着一些困难、障碍和不平时，也就是说有了需求时，农民便会想起国家、政府和村委会，希望对此予以解决。

以西南某省为例，尽管其对全省 2000 多个贫困村每村给予 100 万财政资金，同时要求帮扶单位进一步配合至少150万帮扶资金。然而，对一个村庄而言，这些投入仍然远远不能满足其发展需求，比如村民建房子、孩子读大学、村庄的饮水安全问题、道路修缮问题、公共停车场修建问题等。农民有时并不十分认可国家所谓的"专项治理"，县扶贫办和驻村干部都经常遇到各种"非专项"的治理诉求。例如，在某贫困村，通往县城的公路修建资金有缺口，村民就联名提议将用于入户项目的资金改用作修路。在农民看来，他们自下而上的需求更重要，况且，"你们下乡不就是来帮我们的吗？"尤其是当"公共的需求"成为一个公共话语和集体诉求时，这种"帮需"的压力紧接着就形成了迫切需要解决的政治诉求，这给基层政策执行者提出了难题。

到底是"帮穷"还是"帮需"？这是村干部权衡的问题。如果把视野放宽，把精准扶贫放在全局、全时段的村干部与农民关系中来看的话，"帮需"比"帮穷"更具有社会正当性。村干部是所有村民的村干部，是全村的"当家人"，代表着全村的利益和诉求，而不仅仅代表贫困户这一群体的利益和诉求。理论上，每一个村民都享有向村干部提出政治诉求、获取国家福利的权利。为村民办实事也是村干部政治资本再生产的重要基础，因而成为村干部需要思考和应对的头等大事，它涉及今后的选举问题，涉及自己将来还能不能连任的问题。退一步说，即使农民提出的诉求不合理，村干部也必须"应诉"，合力予以解释，或者尽量予以满足，否则便可能被质疑为失职。

为此，有些村干部便将"帮穷"的政策挪用于"帮需"。比如，国家财政有一个贫困户住房改建的补助政策，每户补贴15000元，而建房实际所需的资金远不止这么多，真正的贫困户即使拿了这笔钱，还要补齐大头，况且他还不一定有住房改造的计划，而且建房补贴有时效性，过期作废。于是，有的村干部就将那些最近两年有意改建住房的农户纳入贫困户。这是一个典型的"政策置换"的例子，而且这种政策置换往往能够获得村民的肯定与支持。尽管从国家层面看来，这是变通与违规，但是在村民看来，村干部这是在"为大家谋福利"。因此，这便为精准扶贫的失准埋下了第四个伏笔。

二、产业精准扶贫作用机制

通过实践中的逻辑来看，产业精准扶贫的作用机制是政府、企业、村两委、扶贫工作队和第一书记以及贫困户等主体立足于他们各自的行为动机，将其各自的土地、资本、劳动力、信息、服务等生产要素共同参与到产业中，扶贫主体利用各自优势共同促进生产要素综合作用的发挥，以促进贫困户脱贫致富，提升自我发展能力，实现各主体的目标，最终促进社会经济的可持续发展和实现共同富裕的总体目标。产业精准扶贫是作用主体根据他们的行为动机配置生产要素，共同致力于扶贫路径的作用过程，他们之间密不可分、融为一体。传统的产业扶贫注重自上而下（且未到户）的资源输入，忽视其他社会主体在扶贫当中的参与、合作和分享，缺乏社会根基，致项目偏离扶贫目标乃至损害社会团结。只有将产业扶贫渗透到贫困户，实现产业精准到户，才能有效解决贫困治理"最后一公里"问题，精准扶贫方能取得好的成效。

（一）作用主体及行为动机

产业精准扶贫将包括贫困户在内的五个主体及其行为动机有机统一起来，并突出贫困户的主体性，通过公共治理方式，推进精准扶贫工作。

1. 政府在产业精准扶贫中起主导作用。

政府在产业精准扶贫中通过制定规划、安排资金、提供服务等方式，动员社会力量和贫困人口积极参与。对中央政府而言，实现共同富裕作为党和国家的奋斗目标，只有解决我国的贫困问题，全面建成小康社会和中华民族伟大复兴的"中国梦"才能实现，国家长治久安的政治局面才能实现，也只有解决好我国的贫困问题，才能在国际上赢得良好声誉，因此，精准扶贫是一项国家任务，需要政府牵头，做好各项扶贫调控和衔接工作，推进产业精准扶贫。地方各级政府主导扶贫工作，主要是落实中央政策，实现地方政府的脱贫任务：服务于地方经济和辖区人民，推动贫困户有效脱贫，实现地方经济社会可持续发展，体现地方政府的政绩与绩效。在地方实践中，政府一是明确规划并精准考核，在引领、保障产业发展的同时也确保产业精准到户的扎实推进。二是资金扶持和精准监管：第一，对贫困户，按不同产业项目和种植面积提供不同额度贴息贷款和产业奖补资金，提供市场信息，帮助农户解决销路问题。第二，积极引进企业参与扶贫开发，明确只有吸纳贫困人口入社或是就业达到一定标准才予以企业贷款和税收政策倾斜；对产业项目进行监管，将产业奖补资金分成多次发放，扶贫产业只有达到一定存活率要求才能获得下一批资金。对扶贫企业只有履行了合同，才能继续获得政府政策倾斜。第三，做好土地流转和基础设施完善等基础服务。

2. 企业参与产业精准扶贫，与政府和贫困户建立良好的联结机制。

企业是产业精准扶贫的重要环节，尽管企业参与产业扶贫最主要的目的就是实现盈利，但在实现盈利的同时也兼顾了社会责任。产业精准扶贫关键是要解决贫困人口发展产业的市场、资金、技术问题，以此来获得持续稳定的增收，实现脱贫致富。企业利用地方特色资源和自身具有的运行平台、市场、技术等方面的优势经营产业，既能对接政府产业发展规划，又能将贫困人口与市场联系起来。通过合同或订单形式在贫困农户发展产业过程中采取统一培训、统一技术指导、统一收购的形式并确定最低收购价和各方分红比例。切实解决贫困人口发展产业经常遇到的市场、资金、技术方面的问题，完善了利益联结机制。企业一方面肩负着社会责任和义务，通过承担扶贫社会责任可以提升企业形象，树立企业品牌，间接地提高企业利润；另一方面，企业通过参与扶贫项目扩大了市场和经营范围，能获得政府各种优惠政策的支持，有利于实现盈利目标。作为市场组织，企业的参与促进了资源配置效率的提高，较好地弥补了政府扶贫缺陷。

3.村两委与群众有着天然的联系，基层的扶贫信息最齐全，在产业精准扶贫中起着关键作用。

村两委参与精准扶贫，在将产业项目精准落实到户的过程中，能够充分利用自身在基层协调和资源对接方面的优势，整合和链接生产要素，服务村民；同时又落实上级扶贫攻坚任务，为村民带来更多扶贫资源，提供更好的基本服务，促进贫困群众脱贫致富。

4.扶贫工作队和第一书记是社会动员机制。

中央要求确保每个贫困村都有驻村工作队（组），每个贫困户都有帮扶责任人。中共中央办公厅、国务院办公厅印发的《关于创新机制扎实推进农村扶贫开发工作的意见》，把驻村入户扶贫作为培养锻炼干部特别是青年干部的重要渠道。实践中，驻村工作组和第一书记协助基层组织（重点是村组）贯彻落实党和政府各项强农、惠农、富农政策，一方面利用其平台优势，获取外部资源、选择和引进企业实现精准帮扶；另一方面则根据其对贫困人口实际情况的了解帮助他们选择适合的产业项目和发展形式，并将贫困人口与企业一一对接，动员群众积极参与扶贫开发各项工作，在帮助贫困村、贫困户脱贫致富中起到了很好的促进作用。

5.贫困户是产业精准扶贫的直接受益者，理应成为主体参与到产业精准扶贫中，与各扶贫主体共同致力于脱贫致富。

农户集精准扶贫主体和客体于一身，是脱贫致富的关键切入点。农户融入产业精准扶贫，变"要我脱贫"为"我要脱贫"，可以提高脱贫致富的动力，同时，通过参与整个扶贫过程，既获得自我认可和自我提升，又为公民社会的形成奠定基础。另外还能够发挥农户的监督和反馈作用，促进精准扶贫政策调整，真正实现贫困户获益。

（二）机制核心：生产要素与作用过程

马克思说："不论生产的社会形式如何，劳动者和生产资料始终是生产的因素。凡要进行生产就要使它们结合起来。"生产要素是进行生产不可缺少的条件，但各种生产要素不能孤立发挥作用，而是互相组合，得以充分利用，促进生产效率的提高。

产业精准扶贫着重强调了贫困户自身的土地、资本和劳动力等主要生产要素的参与，使贫困户真正参与到产业项目中来。在产业精准扶贫的过程中，政府的政策、信息、资金要素，企业的运行平台、技术和管理要素，贫困户的土地和劳动力要素囊括了生产的全部要素，扶贫工作队、第一书记和村两委则利用其实际操作平台将这些要素进行整合链接，促进各生产要素的优化配置和生产过程的优化调整，提升产业精准扶贫的整体效果。

政府、企业、扶贫工作队和第一书记、村两委及贫困户这些扶贫主体以各自的能力和优势共同作用于生产要素，实现以贫困户增收发展为核心的多方共赢。政府在政策制定、资金分配、服务提供上充分发挥其主导作用，促进社会资本进入、推动土地流转、吸纳贫困户参与；企业利用其运行平台和在资金、技术与管理方面的优势，精准解决贫困户发展产业的技术、资金、销售问题，同时也能吸纳贫困户参与缓解用工问题并因此获得政策方面的支持，也促进企业自身的发展；扶贫工作队、第一书记和村两委则利用自身平台资源，引进企业，促进农户土地流转并优先介绍贫困户务工；贫困户利用产业发展的贴补和贷款政策，通过自身拥有的土地入股和务工等形式积极参与扶贫项目，实现多要素匹配并综合发挥作用，提高了扶贫工作的效果。贫困人口在当地干部的帮扶下根据自己具备的土地、劳动力要素采取土地入股、产业加盟或是务工形式参与，充分发挥了贫困人口的主体性作用，提高了贫困人口的参与度，激发了贫困人口的内生动力。

地方政府重点探索和建立贫困户的受益机制，在产业发展和创收方面，着重探索如何将贫困户纳入现代产业链中，解决贫困农户经常面临的技术、资金、市场方面的困难。例如，在遂川县的扶贫攻坚试点中，政府率先制定《遂川县产业扶贫实施意见》，推动土地流转、完善基础设施，积极引进企业并成立专业合作社；企业广泛采用"公司+合作社+贫困户"的运营模式，解决贫困人口在市场、技术、资金等方面的问题；扶贫工作队和第一书记及村两委，做好政策宣传和实施并促使企业和贫困人口对接起来；贫困人口则利用扶贫资金和土地、劳动力或是入股或是独立发展产业实现增收，同时也能通过土地流转或者务工来获取一定的土地租金、工资收入。

大力推进参与式扶贫，促进扶贫资源的优化配置，充分发挥贫困户的主体性作用，有利于推动我国农村扶贫工作的开展。在寻乌县委、县政府大力推进产业扶贫的背景下，飞龙村驻村工作队和村两委积极转变角色，重点思索如何将产业项目精准对接到户，在广泛征求民意及走访其他示范村后，成立了三黄鸡养殖合作社，采取了致富能手"一托二"的带动模式，即一位致富能手带动两户贫困户脱贫。该村第一书记和村两委充分利用省农业厅的350万扶贫资金，修缮公路等基础设施并计划建成136个鸡舍。同时积极选取了刘佛先等10户养殖示范户与贫困户对接，利用示范户在养殖技术、市场销售方面的优势，手把手带动贫困户参与养殖项目，使得贫困户实际参与养殖，每户2个棚舍。实现该村58户贫困户（203人）平均每人增收1万元。

（三）作用路径和效果：以精准到户为核心促进贫困户增收和可持续发展

精准扶贫解决的不应只是收入脱贫，而是兼顾贫困人口可行能力和主观福利感受的多维贫困人口脱贫，并且具备一定应对和防范能力的稳定脱贫。产业精准扶贫不仅有利于实现贫困户的收入增加，提升其自我发展能力，而且能够在产业扶贫过程中达成各项事宜，促进公民精神的培育。

1. 精准到户切实增加贫困户的增收和可持续发展能力。

地方扶贫产业的发展，通过租金、分红、薪金、产业收入增加了贫困户收入并实现了可持续发展：第一，资产性收入。包括土地流转租金、股金等，给参与贫困户带来了长期稳定的收入。第二，务工薪金。扶贫产业的发展提供了更多的就业岗位，贫困户一旦就业就有了稳定的薪金收入。第三，产业发展收入。政府积极鼓励贫困人口发展产业，除了对发展产业的贫困人口给予一定的贴补资金外，农户还从产业发展中获得一定收益。贫困户要脱贫归根到底就是要有稳定的收入来源，很多贫困村致贫的原因就是没有产业支撑，贫困户要想实现脱贫，发展产业是关键。

2. 产业精准扶贫提升贫困户自我发展能力并促进其精神培育。

提升贫困户的自我发展能力，实现其自身潜力，获得生产效益，归结到一点就是要实现产业精准到户。产业精准到户是解决贫困户增收的主要途径，更是贫困农户提升自我发展能力的绝佳路径。贫困户通过政府组织的产业技术培训、产业基地务工、致富能手手把手教学等方式，一方面让他们获得了脱贫致富的技术手段，另一方面消减了"等、靠、要"思想。产业精准到户以后，贫困户积极与企业对接，或是通过产业加盟学习企业在农产品种植、销售等方面的技术和经验，或是通过务工学习企业深加工、包装和管理方面的技术，同时贫困户在学习的过程中不断开阔视野、更新观念并就产业事项达成共识，促进了贫困户精神的培育。贫困户在技术上、思想观念上得到提升，在过程中不断达成共识，促进了贫困户自我发展能力的提高和精神的培育。有针对性地加强贫困农民的产业技能培训，将产业扶贫与扶智有机结合起来，加大项目区农民文化素质、科技技能、市场经营风险意识等综合素质培训，是实现产业精准扶贫的思路之一。

3. 产业精准扶贫促进区域资源转化，推动社会经济发展。

产业是社会经济发展的"火车头"。地方产业的快速发展，必然拉动地方经济的迅速发展。地方政府立足本地优势资源，通过引进外地企业或鼓励支持本地企业参与扶贫产业，形成"贸工农、产加销一体化"经营体系，在促进产业发展的同时也带动了产业的相关配套设施的发展。产业的发展最终有利于促进社会经济的发展，而社会经济的发展反过来又能提供更多的就业机会，保障对扶贫工作的资金投入，最终实现共同富裕。

通过特色优势产业的发展，能够有效地将地区资源比较优势转化为经济比较优势，"绿水青山就是金山银山"，例如，遂川县利用当地茶叶资源优势，发展产业，一方面形成了完整产业链，茶叶年产值超过13亿元，另一方面带动了当地茶园休闲产业、茶园创意产业以及茶旅游业的发展，年收入接近亿元，推动了当地经济的快速发展。

第三节 精准扶贫的现状

一、早期精准扶贫思想在实践中面临的问题

精准扶贫思想经历了多年的发展，有关精准扶贫思想的报告主要存在于《决定》之中，在该报告之中，精准扶贫的思想已经经过了多年的发展和完善，到目前为止已经形成了一个完整的思想体系。与一般的思想相比，精准扶贫思想不是一种纯理论性的学理，精准扶贫思想主要的目的是指导扶贫实践，为实施精准扶贫确立一个指导思想。我国关于扶贫的理论在20多年以前就开始探讨了，并在实践中得到了不断的完善和发展，针对实际中的各种障碍提出了许多的解决办法，这些问题和解决的办法在精准扶贫的思想中都有所体现。随着思想体系的不断完善，精准扶贫的思想已经在实践中得到了实际的运用，同时在实际的运用过程中出现了许多的问题，这些问题对于扶贫来讲都是不可避免的。

第一，对精准扶贫的精准问题的质疑，很多时候精准扶贫并不能精准识别贫困户，或是识别不准，就会为建档立卡的信息建立埋下诸多的隐患，最初信息的不充分和不准确会最终导致扶贫工作效率低下，扶贫的成效和结果大打折扣。

第二，正是由于信息录入的不精准使得实施扶贫的措施时不能够精准到户，措施不精准，对于扶贫的最终成效就会产生质疑。

第三，问题导致的效应都是连续性的，识别不精准、措施到户不精准都会影响接下来的一系列扶贫措施，扶贫的力量要充分投入到扶贫措施和过程之中，但是实际上许多扶贫的投入和技术力量不足，在实施的分工机制上也存在着诸多的问题，在工作安排上不尽如人意，实施的有效性远远达不到实际的标准。

第四,扶贫的考核机制还存在着诸多的问题,对扶贫成效的评估缺乏有效的评估机制,不能够对实际的扶贫效果做到精准的评价和考核,这就意味着实际的扶贫效果很多时候要依靠评价机制的考评,主观性就会占据十分重要的地位。

第五,在扶贫投入上还存在着问题,很多时候扶贫工作的开展和实施靠的是转移支付来进行的,通常的转移支付所带来的扶贫效果会立刻显现,扶贫进程在这种模式的指导之下就会变得很快。相反,在开发性的扶贫模式的指导之下,要想快速地取得扶贫的效果就会显得异常艰难,这种弊端所导致的不利后果,很多时候就会严重影响贫困户的积极性,参与扶贫的工作就会显得非常消极,贫困户的动力严重不足,最终会使得贫困户对扶贫工作产生诸多怀疑,阻碍扶贫工作的进行。

二、当前精准扶贫实践的主要特征

从 2013 年提出实施精准扶贫以来,就已经开始了建档立卡的扶贫工作。在精准扶贫思想的指导之下,经过几年的实践检验,精准扶贫工作取得了一系列的成果,尤其是上述一些问题在实践中得到了不断的实践检验、校正和调整,精准扶贫思想不断趋于完善,问题也在不断得到解决。早期的精准扶贫思想在实践中已经得到了检验,早期的方案也在实践中不断完善,形成了一套完善的体系和行动的指导方案。因此,基于我国精准扶贫实践的实际经验来讲,我国的精准扶贫实践有了以下一些主要特征,也是我国近年来实施精准扶贫工作取得的一些成效。

1.采取一切措施实现脱贫的目标,扶贫的覆盖面不能够遗漏任何一个贫困人口。

很多时候,从其他国家的扶贫开发中可以看出这样一种现象:大多数的国家在实施扶贫时首要目标是找到需要帮扶的对象,即要识别出贫困人口的所在，但是往往会忽略对贫困人口的扶贫效果，无法使这些贫困人口真正脱贫，即找到了问题所在，却不能够很好地解决问题。相反，在精准扶贫的理论指导之下，既要精准识别贫困人口所在，也要实现全部贫困人口的脱贫攻坚任务，要实施地毯式的攻坚方式，使得每一个贫困人口都能够被惠及，这样能全部脱贫的目标才有可能实现。既然要实施扶贫措施，精准的扶贫对象的识别是必不可少的，这样才能够让有限的扶贫资源使用在刀刃上，资源才能够得到有效和合理的配置，扶贫资源才能够更加具有针对性，扶贫的效率也会提高许多，使得有限的扶贫资源能够尽可能发挥最大的扶贫功效，实现效率最大化。但是，我们不得不面对的一个情况就是我国扶贫对象的广泛性和贫困人口数量大，使得我国的扶贫工作在后期会存在举步维艰的情形，毕竟越到后面就越是难啃的骨头。由于扶贫对象较多，而扶贫的资源有限，我们只能尽可能地让这些资源能覆盖或是惠及每一个需要帮扶的对象，这样就会使得资源被细化，每一个既定的扶贫对象能够得到的扶贫资源就会越来越少，使资源在一定程度上会最小化。这种最小化不是指单个数量的最小，毕竟每一个贫困人口能够承受的扶贫资源也是有限的，超过一定的限度反而会使得扶贫的效果大打折扣，这里的最小化只是指边际效益的最小，相对的就是边际成本在上升，因而造成了收益的最小化。从实际的扶贫措施中可以看出来，很多地方政府在实施扶贫措施之时考虑的往往是能否按期实现既定贫困人口脱贫的目标，对于成本的控制往往居于次要的地位，只要能够如期实现脱贫，完成政治任务，成本或是投入就显得不那么重要，政绩似乎会更加诱人，这种行为就类似于农业中"过密化"的投入现象，为了达到或是实现相应的目标而不顾实际情况投入资金，完全没有考虑到效率和成本问题，反而可能会出现"营养过良"的情形。

2. 政府主导、多方参与、广泛动员。

2015年，《中共中央国务院关于打赢脱贫攻坚战的决定》的发布与实施，为我国打赢精准脱贫攻坚战奠定了坚实的基础，形成了完善的政府脱贫攻坚的体系。当然，在理解脱贫攻坚的机构设置上，通常意义上所说的政府是包括了党委和行政机关在内的各种机构，这是一种笼统的说法。因为我国在实施脱贫攻坚的工作上实行的是"双组长"领导体制，虽然没有明确说明党政之间的分工，但是各自都深入参与到扶贫的工作中，明确自己的扶贫开发事务，就自己的任务进行深入的调研，以及行业之间的协调、部门之间的协作等。各级党委政府派遣大批驻村的第一书记，组织相应的扶贫工作队，为地方扶贫工作出谋划策，各自践行自己的职责，无论是党政机关还是基层自治组织，都深入地参与到了扶贫的工作中。可见我国的扶贫工作具有鲜明的体制特色，参与的力量是多方的，动员的组织和人员也极为广泛，既包括了党政机关的定点扶贫，还包括了社会力量的扶贫，这些力量的加入同样给我国的扶贫工作带来了巨大的助力，社会参与力量的广泛性，使得扶贫工作能够收获来自各方面的帮助，无论是资金上的还是人力资源上的，都具有莫大裨益。可见，我国的扶贫开发体制具有较大的优势，这也是我国社会主义体制所表现出来的巨大的优势。我国的政府部门或是党委机关在实施扶贫的过程中能够动员广泛的力量参与其中，这是一般的发展中国家所不可比拟的，甚至在大多数的发达国家也不能就国家的规划动员广泛的力量，社会性质的不同和政治体制的差异决定了我国在实施策略上的便捷性和优势。

3. 指标控制、逆向排序。

这是识别贫困人口时所采取的措施。根据各地的人口数量，确定相应的贫困人口指标，首先应该从数据上控制贫困人口的数量，然后以每个地方所划分的贫困户指标的数量为基础，精准识别贫困人口。这种识别方法就是"逆向识别"，即根据各地的贫困发生率，以此为贫困监测的基础进行贫困人口的逐层分解和控制，然后再细化到每一个村，根据村里的监测数据进行贫困人口的识别，数据采用的是一种逆向的排序方式，能够更加容易和准确地识别出贫困人口。这种识别方式有一个特征就是没有对贫困的识别设置相应的阈值，即将所有人口的数据都录入其中，以避免新致贫的人口被遗漏在外，因此，这种识别方式就是按照单个的数据标准逐级地对数据库中的数据进行排序，再按照每个地区分配的贫困户指标进行目标人群的筛选，最后根据名额的多少，由低到高确定贫困户对象，使得贫困人口的识别更加数据化和精准化。这种方式看起来十分便捷和有效，但是在实际的执行中会存在诸多的困难，其中最主要的困难就在于数据的搜集，大多数的监测对象并不愿意将自己的相关信息透露给监测机构，而且很多贫困地区的数据监测存在诸多不足，无论是技术上的还是部门设置上的，监测统计数据总是存在困难。尤其是贫困人口分配，由于这些指标具有指令性，在实际的执行中就会存在许多变化，由此造成了诸多的困难。因此，在目前的精准扶贫工作中，这种逆向的扶贫识别方式只是一种权宜之计，在大多数地方并不能很好地推广开来。而且，各地在实施这种方式时会采取许多变通，那么数据的统计和监测就会存在各地不一致的情形，更加难以大范围推广，尤其是有些地方存在"帮亲"现象，导致贫困人口的识别存在较大的不一致，很难做到精准。随着扶贫的不断深入，这些问题迟早是要解决的，那么如何解决呢？我国在实施精准扶贫过程中对贫困人口采取了新的识别方式，即通过对以前数据的重新核查，采取一种动态的监测方式，既能够及时识别新增的贫困人口，又能够及时剔除已经脱贫的人口，最终使每一个贫困人口都在监测之内，提高识别的精准性，这种做法在实际扶贫工作中已经显现作用，并且其合理性在大多数的扶贫工作中得到了认可，确保了扶贫工作的有效开展以及贫困人口的精准识别，同时缩小了由于各地经济发展水平不一致所带来的标准不一致，消除由于地域原因所导致的贫困人口变动和贫困标准的差异化。

4. 优化基层扶贫队伍，实现精准帮扶。

扶贫的关键还是人，所以扶贫队伍的作用可想而知。精准扶贫工作的关键就在于精准二字，实现对贫困户的精准帮扶，就需要一支完整的扶贫队伍支持，因此，在基层特别是在村一级的扶贫工作中，就应该建立一支完善的帮扶队伍，在实施精准扶贫时才能够做到有针对性，才能根据贫困户的不同情况而分类施策，使扶贫的力量能够用在刀刃上。就目前来讲，我国实施精准扶贫主要存在以下四支扶贫力量：村委会、驻村第一书记、驻村扶贫小组以及精准扶贫责任人，这四支力量各有所侧重，在实施扶贫工作之时能够各展所长，具有针对性地解决一系列的问题。具体来讲，就村委会而言，其主要的功能是承担对本村事务的整体性的管理，为本村的发展和日常事务的管理出谋划策，承担的是一种管理职能，由于其属于本地的力量，对本地的情形了解更为透彻，在管理上能够更加具有针对性。虽然村委会承担了主要的管理职能，但是大多数的村干部是从本地村民中选举出来的，在履职能力上各有所不同，总体能力欠缺，需要更多外在力量的帮扶。因此，我们常常看到许多村会发动那些在经济上或是能力上十分优秀的人，通过这些人带动贫困户的发展与脱贫。驻村第一书记的职责在于本村的党建和组织建设，目的是加强本村的思想建设，实现对本村工作的全面领导。相比之下，驻村扶贫小组的工作任务和目的显得十分精确，就是直接对接本村扶贫工作的开展，为本村扶贫工作开展出谋划策，并且实施上级所下派的扶贫任务。而精准扶贫责任人则更加具有针对性，其一对一地为本村的贫困户提供相应的扶贫帮助，能够更加清晰了解贫困户的需要，更加切实地解决贫困问题。

5. 以"四到县"和资金整合推动项目安排和资金使用的精准。

"六个精准"中，项目安排和资金使用是高度关联的，它们需要在村、户以及跨越村户的项目（如基础设施、扶贫产业）上实现精准。责任、权力、资金、任务"四到县"制度使得县级政府能够根据需要安排扶贫项目,并匹配相应的财政专项扶贫资金。由于财政专项扶贫资金往往不能满足扶贫任务的全部需要,我国于2016年改革财政涉农资金管理使用机制,允许贫困县以重点扶贫项目为平台,统筹整合使用财政涉农资金,并撬动金融资金和社会帮扶资金投入扶贫开发。

6. 多样化的脱贫路径最终可归结为发展生产和社会保障两大机制。

经过几年的实践,脱贫路径在"五个一批"的基础上发展出更多新形式,包括健康扶贫、资产收益扶贫、危房改造等。其中,资产收益扶贫是微观上的收益到户机制,但是从宏观上看仍然属于发展生产扶贫。另外,各条脱贫路径虽然性质迥异,但是,多数可以归结为发展生产和社会保障两大机制。易地搬迁、危房改造、教育和大病医疗资助、临时救助等都属于社会保障。但是,易地搬迁后需要找到新的就业或经营机会,生态保护脱贫会为贫困劳动力提供护林员之类的公益岗位,健康扶贫使一部分劳动力在康复以后重新进入劳动就业,教育扶贫更是使得学生或成人在获得教育或培训资助后更好地进入劳动力市场,最终依靠发展生产脱贫。

7. 各地对社会保障兜底机制开展了探索。

除了直接发展生产措施和最终指向发展生产的措施,其他扶贫措施都可以归为社会保障措施,包括低保、五保、残疾人保障等其他民政救助措施,以及教育资助和医疗费用补贴等。这些保障措施分别由民政、社保、教育、卫生等部门实施,它们与兜底保障脱贫关系如何,各地已经在自行开展探索,目前还没有明确结论。大体上说,各地基本上都根据政策文件,将"无法依靠产业和就业方式脱贫"的贫困家庭作为社会保障兜底对象。具体操作在各地大同小异,即将低保、特困人员供养、医疗救助和临时救助共同列入保障兜底范围;有的地区则将住房保障或者养老保障也列入兜底保障范围。从可得的资料看,只有湖南省专门定义了"兜底保障",将无劳动力或者丧失劳动能力的家庭和因病、因残、因灾或意外导致的重度贫困家庭列为兜底脱贫对象，对他们给予比低保标准更高的保障条件。

8. 以贫困退出机制保障脱贫结果的可信性和精准性。

贫困识别和脱贫都是以户为单位。精准识别要从未知的千家万户中找出符合条件的贫困户，而精准脱贫则是对已知的贫困户进行评估。虽然原则上应当对识别和脱贫采取相同标准，"一把尺子量到底"，但是，实践中主要是在脱贫评估以及返贫和新增贫困评估中采用了比较明确的标准。为了实现精准脱贫，我国建立了贫困户、贫困村和贫困县的退出机制，以收入达标和实现"两不愁三保障"为基本标准，履行民主评议、调查核实、贫困户认可、公示公告、系统销号等基本程序。为了防止可能存在的弄虚作假行为，贫困退出机制还包含第三方评估检查，第三方评估的结果用于对精准脱贫成效的评价以及对不符合脱贫标准而被脱贫情况的核查处理。2017年，国家已经开展了第一次考核评估，对排名靠后的省份进行了约谈。

三、精准扶贫尚需理清的主要方面

精准扶贫思想从提出到实施已经经历了近6年的时间，在这段时间里，发现了不少的问题同时解决了不少的问题，对精准扶贫的思路和实施细则进行了不断的改进和更新，整个精准扶贫工作的体系模式已经形成，极大地指导了扶贫工作实践。但是，这个体系尚需完善的地方还有很多，需要在探索和工作中不断地发现问题，改进工作的体制和机制。有的问题是浅层次的，很容易在实践中就发现问题，并在实际的实施工作中得到很快解决，但是有些问题是深层次的，需要在反复和不断的实践中总结经验教训，才能得出有效的解决方案，在下次或其他地区的扶贫工作中起到很好的指导和预防作用。这些深层次的问题，有表面上的实践性问题，也有关于精准扶贫思想的内在认识性的和理论性的问题。本部分主要讲述精准扶贫工作思路和工作思想

第三章 我国精准扶贫现状

上的问题。

1. 建档立卡精准识别功能有限。

精准扶贫工作中的建档立卡，能否实现对贫困人口信息的精准和有效识别仍然是一个需要解决的问题，而且表现得尤其急迫。如果建档立卡不能很好地解决贫困人口信息的识别问题，那么精准扶贫的措施就难以针对性和有效性地实施，虽然我国目前的贫困信息识别问题在智能化和有效性上有了更大的提升，但是我国仍然有将近4000万的贫困人口和12万个贫困村，很难将所有的贫困信息都有效地录入到一个系统中，难免存在数据上的偏差，但是作为精准扶贫实施时的有效的、直接的依据，要想有效发挥这个信息系统的功能，就有必要解决系统中存在的不能动态反映贫困人口信息和对基础信息分析薄弱的情况。在2017年精准扶贫工作的具体实施要求中，为了实现扶贫数据和信息的准确性和有效性，大多数贫困地区的扶贫工作小组都在国家扶贫办公室的统一要求下实施了基于第三方操作的信息搜集和评估工作，对已有信息的精准性和有效性进行核查和统计，站在第三方的角度发现其中的问题，而且实际的核查结果也表明系统中已有的信息数据存在着较多的错误和不准确之处。现行机制在信息数据的核查和搜集上仍然存在着较多问题，而且很多都是比较低级的错误，阻碍了整个扶贫工作的有效开展，在信息的核查和信息的校正上花费了较多的时间，严重制约了整个扶贫工作的效率和进程。

2. 县级以下的扶贫工作小组的权责职能划分不明确，难以有效地实现精准脱贫。

之所以要明确精准脱贫中的职责和权力，主要是为了提高整个扶贫工作的效率，让每个人对自己的扶贫工作都有极高的责任认知，杜绝坐享其成的情形，否则很容易导致整个扶贫工作队伍的工作积极性不高，工作效率因为个别工作人员的不尽责而下降。因此，中央基于管理中的激励机制，规定了省、市、县三级扶贫工作小组的责任划分，要求严格地落实各自的责任,尤其是直接接触扶贫对象的县级或基层的扶贫工作队伍,对扶贫工作的责任划分得越明确就越有利于扶贫工作的有效开展,明确的责任能够定位好扶贫工作的任务主体,使得扶贫干部尽职尽责,避免出现问题时相互推诿。县级扶贫工作小组主要是监督和检查上级扶贫政策措施的落实情况,同时实时地对乡镇的扶贫工作实施监督和指导,并就工作出现的实际情况出台相应的政策意见,加强对贫困人口的扶贫宣传力度,使扶贫政策能够真正落地;村级扶贫小组的扶贫工作主要是以实干为主,严格落实上级的扶贫政策和措施,划分村级小组的扶贫工作任务,明确细化相关责任人的实际工作责任,建立谁主导谁负责的明确的责任机制,避免问题出现时无人负责或是无人领导。

3.现行的扶贫绩效评估和核查机制尚待完善,有时负面作用甚至大于积极作用。

从理论上看,在精准扶贫工作中,实际帮扶力量上的投入应该是较大的,而扶贫的基础工作,像贫困户的信息搜集、录入、整理等投入的精力应该是较小的甚至是最小的。但是实际正好相反,贫困户数据信息的搜集和整理工作投入的时间和精力不仅没能控制在一定的范围内,有时候甚至比实际帮扶的投入还要大得多。那么如何有效地解决工作小组实施帮扶这个问题呢?首先,我们应该明白现行的评估和核查机制的实施主体是谁。目前扶贫工作小组担负的责任和工作任务不仅仅是帮扶措施的实施,而且还包括其他的基础性工作的投入,这些工作占用了帮扶小组大量的时间和精力,使其难以有充足和有效的时间投入到帮扶措施的实施中去。对此,大多数省份已经开始把数据的搜集以及评估工作完全转包给独立的第三方机构来实施,既能减轻扶贫工作小组的工作压力,同时又能够提升数据信息搜集的有效性和扶贫绩效评估的独立性和公正性,真正体现出扶贫工作的效率和针对性。关于扶贫绩效的评估,有的省份开始实施互评制度,甚至有的市县或是乡镇之间也实施了互评制度，采用这种交叉评估的方式主要是为了实现对扶贫工作真实情况的有效反映，避免自己评估自己难以做到全面和公正。但是，这些扶贫措施难免会存在一些程序的合法性问题，很多时候又会有失偏颇，对扶贫的实质性问题的监督不够，主要在面子工程上做文章，不能真正明白精准扶贫的要义在于集中力量做好扶贫工作，解决贫困户的经济问题和贫困问题才是扶贫工作队首要应该做的事情。

4. 贫困退出机制缺乏权威性和合法性。

当前，扶贫工作的主要目标是解决众多贫困户的贫困问题，通过有效的扶贫措施减少贫困户的数量，但是贫困退出机制的研究还缺乏关注，我们不仅仅要关注扶贫的成效问题，还应该就扶贫的退出机制进行有效的研究，建立完善的贫困退出机制，明确地体现出整个扶贫工作实施的有效性。扶贫工作的落实情况和贫困地区的脱贫成效，这既关系到整个社会的效益和国家的整体利益，还关系到数以百万计的贫困户家庭的切身利益和福祉。因此，有必要建立一个完善的贫困退出机制，使贫困成效能通过一个合法的和权威的机制体现出来，通过法律的权威赋予扶贫成效的有效性而不是自说自话。很多时候，一个地区的扶贫效果，往往是通过硬性的经济指标来体现的，贫困户退出机制的评定不具有严格的专业性和合法性，也就难怪很多地区的扶贫工作会出现低效率的情形，脱贫之后的返贫情形多发，使之前所有的扶贫措施和努力都化为泡影。因此，有必要建立专业性的评定环节和机构，通过村民小组的民主评议形式评定贫困户的实际扶贫效果，由村民小组对扶贫工作小组给出的核查数据和扶贫成效证据予以验证，通过村民的实际了解和工作人员的专业性知识检验，二者结合有效地保障退出机制。当然，具体的实施策略还需要工作小组在实际的情形中进行针对性的探索，保证最后的贫困户退出符合实际的扶贫成效，同时又能够有效地评估是否具备退出的条件。另外，最终的贫困退出机制也要有合法的政策依据,这种合法性来源于立法机关,牵涉到国家层面的统一立法问题,这需要精准扶贫工作小组代表建议来推动。

本章参考文献

[1] 王雨磊.技术何以失准?——国家精准扶贫与基层施政伦理[J].政治学研究，2017（5）：104-114.

[2] 杜永红.大数据背景下精准扶贫绩效评估研究[J].求实,2018（2）：87-96.

[3] 何仁伟，李光勤，刘运伟，等.基于可持续生计的精准扶贫分析方法及应用研究——以四川凉山彝族自治州为例[J].地理科学进展2017（2）：182-192.

[4] 刘建生，陈鑫，曹佳慧.产业精准扶贫作用机制研究[J].中国人口·资源与环境，2017（6）：127-135.

[5] 汪磊，许鹿，汪霞.大数据驱动下精准扶贫运行机制的耦合性分析及其机制创新——基于贵州、甘肃的案例[J].公共管理学报，2017（3）：135-143

[6] 檀学文，李静.习近平精准扶贫思想的实践深化研究[J].中国农村经济，2017（9）：2-16.

[7] 宫留记.政府主导下市场化扶贫机制的构建与创新模式研究——基于精准扶贫视角[J].中国软科学，2016（5）:154-162.

[8] 王嘉毅，封清云，张金.教育与精准扶贫精准脱贫[J].教育研究，2016（7）：12-21.

[9] 陈升，潘虹，陆静.精准扶贫绩效及其影响因素:基于东中西部的案例研究[J].中国行政管理，2016（9）：88-93.

[10] 庄曙光.精准扶贫政策执行偏差问题研究[D].深圳：深圳大学，2017.

[11] 李海燕.社会工作介入文化扶贫[D].合肥：安徽大学，2017.

[12]苗军.习近平精准扶贫思想与南疆四地州扶贫研究[D]．喀什：喀什大学，2017.

[13]王晓静.连片特困地区精准扶贫政策执行过程中的张力及其消解[D].济南：山东大学，2017.

[14]李丹.精准扶贫视域下地方政府政策执行研究[D].兰州：甘肃农业大学，2017.

[15]王上.以精准扶贫践行共享发展理念[D].郑州：郑州大学，2017.

第四章 金融助力精准扶贫的优势及运用

第一节 信息技术可构建一站式金融综合服务平台

一、构建科学合理的精准扶贫绩效评估体系

精准扶贫绩效评估体系是实施精准扶贫的核心，在监测和评估贫困人口时发挥着重要的作用，尤其是建立在信息系统基础之上的贫困精准识别机制，使得每一个人口的经济状况都在系统的监测之下，每一个致贫和脱贫人口的信息都能实时地上传到系统中，为精准地实施扶贫工作提供技术上的支持，使扶贫工作能够顺利进行，扶贫效果能够数据化呈现。对扶贫情况进行实时监控，有助于改变以往扶贫中存在的浮躁心理，改变急躁的工作态度，避免盲目施策，有针对性地实施精准化评估。这些扶贫绩效评估指标除了对家庭收入这一关键数据进行监测之外，还包括了监测对象的生活水平、贫困人口数量的动态

变化等信息，使得扶贫开发的工作成效能够通过数据显示出来，扶贫开发的完成效率也有一个明确的指标依据。通过系统数据的运用，将以往看不见的东西以数据的形式呈现出来，并将扶贫的效果和成效转化为更加明白的数据指标，使扶贫工作的成效一目了然。

扶贫是一项长期的工作，我国也一直在不断地推进扶贫工作，随着扶贫工作的深入，扶贫进入了攻坚期，精准扶贫成为当前扶贫工作的重要指导方式。伴随着扶贫技术和方式的不断更新，精准扶贫也成为一项系统性的、不间断的工程，成为国家发展过程中的一项重要的战略性方针。但是，扶贫工作也是有周期性的，在实际的扶贫工作中，很多时候能够在短期内达到扶贫的效果，贫困地区的经济状况也能够在短期内得到很好的改善，但毕竟是周期性的扶贫，一旦扶贫工作结束或是扶贫措施停摆，贫困户就很难继续维持下去。再经过一段时间之后，扶贫的各种效果就会退却，贫困的现象又会出现。扶贫的效果不仅没有达到，反而增加了扶贫的投入，浪费了资源，因此就会出现反复的扶贫和致贫，扶贫工作就会受到较大的阻碍，扶贫的信心也会受到损伤，扶贫工作队的工作积极性不高，贫困户对脱贫和政策的信心也会在反反复复中丧失。因此，建立一个具有可持续性的绩效监测评估系统，根据此系统对扶贫的成效进行有效的评估，对贫困户和扶贫效果进行长期的关注和监测，使得扶贫工作能够长期有效地进行下去，精准扶贫才能够达到精准的要求，扶贫才能够进入一个良性发展的轨道，实现精准扶贫和精准脱贫以及对贫困信息的精准监测。精准的扶贫监测和评估系统的指导，对扶贫工作的开展有着莫大的裨益，尤其是在政策的决策、项目的规划和资金的安排上，能够通过系统的精准分析实现精准的对应，使扶贫资源真正用在刀刃上，扶贫的成效真正地惠及每一个贫困户，使真正的贫困人口脱贫，精准地实现贫困户的收入增长。

绩效监测评估系统的一大优势就是实现了扶贫的公平性，不至于出现前述的"帮亲"还是"帮穷"的艰难抉择,以公平作为精准扶贫的维度,以此为基础实施精准扶贫工作,才能使扶贫工作队在实施扶贫之时游刃有余,不至于为了扶贫以外的事情烦恼,真正地把精力用在扶贫工作中。此外,精准扶贫绩效评估系统还要反映扶贫的实际成效,部门或是工作组之间的合作成效,用实际的数据来说话,更能体现扶贫过程中取得的成效。合作是政府在实施精准扶贫过程中最核心的工作方式,要知道扶贫不是一个部门的事情,也不是一个人就能完成的事情,需要多部门、多人员的参与,因此,在精准扶贫的评估系统中应该加入更多的合作评价机制,将"合作"作为系统评价和监测的一个维度,对扶贫工作进行全面和精准的评估。

效率又是该监测和评估系统的另一个重要的参考维度,能够切实地反映扶贫的效率,体现扶贫项目资金的投入与扶贫成效之间的比率关系,即实际的投入产出比,成为衡量扶贫的一个重要的参考指标,也是扶贫工作队实施扶贫措施时应该首先考虑的问题。因此,绩效评估系统的设计需要考虑多个方面的问题,既要考虑政策执行与扶贫效果之间的有效性,也要允分考虑贫困户的实际需要,评估指标和监测维度理应把这些方面都囊括进来,成为评价和监督一个地方扶贫效果的重要参考指标。因此,总的来讲,在设计精准扶贫监测和评估系统时,需要考虑和囊括多个方面的指标和维度,政策的公平性、可持续性、有效性以及部门之间的合作性这四个维度可作为主要的评估指标和检测因子。

从上述可以看出,这个精准扶贫的评估系统有一个完整的运行架构和完善的运行体系,科学的评估指标和监测维度能够十分合理、有效地对一个地方的扶贫工作进行监测和评估。除了系统本身的构建之外,还需要人员管理的配合、运行组织的建构、合理的工作流程以及完善的信息分析系统等外在辅助因素,这些都是系统良好运行的关键,而不能够顾此失彼,只有多维度的综合性评估系统才能实现精准扶贫的科学性和有效性，才能实现对精准扶贫的动态监督和精准施策。

二、优化精准扶贫绩效评估组织结构

　　精准扶贫的关键在人，而人的关键就在于组织的合理性，组织结构的有效与合理关系着整个精准扶贫评估系统的有效运行，成为系统运作的枢纽，因此，需要相关的扶贫部门在实施扶贫措施时能有效地衔接和紧密合作，保证扶贫评估系统发挥最大的优势。在精准扶贫中，县乡两级部门是扶贫的主体力量，在实施精准扶贫过程中发挥着重要的作用，扶贫的领域和采取的措施都具有极大的广泛性，囊括了交通、金融、农牧以及财政等多个方面，并且与之相关的各部门发挥各自的优势，相互协调，在长期的工作配合中形成了彼此之间的默契，对扶贫工作的深入开展有着莫大的裨益。

　　此外，对于精准扶贫的监测，必须要有一个权威的监督和测评机构，保证扶贫的结果和成效能够得到大多数人的认可。这就需要在监督机构的设置上下一些功夫，有必要引进第三方专业测评机构，从第三方的独立视角来看待扶贫工作的实施，同时，第三方应该在扶贫工作开始之前就先行评估，这样才能对扶贫有一个整体评价，最终的评估效果才更具有全面性和整体性。从扶贫工作开始之前就进行评估，对初期的扶贫决策进行监测，能保证整体的扶贫工作顺利进行，避免意外事情的发生。除了县乡两级的扶贫部门作为参与主体，社会组织的力量也不容小觑，他们也是评估系统的主体之一，为了保证监测数据的公平性和有效性，在评估和监测的过程中应该将这些评估和监测的信息公开，引入社会公众监督机制，使扶贫工作和扶贫监测在阳光下进行。多部门与社会主体之间及时地分享数据信息，做到信息共享，避免出现信息不对称的情形，同时也能让社会主体全面参与到扶贫的监测与评估中来，实现扶贫施策的全面覆盖，并在社会各界的广泛监督下进行。因此，这一系统既能实现扶贫监测的全面性，又能实现扶贫组织结构的优化，在整个社会中形成共建共享扶贫机制的局面，让扶贫工作真正成为一项全社会的事情。

三、制定科学高效的精准扶贫绩效评估工作流程

精准扶贫的绩效评估需要有一个完整的评估流程，工作流程是评估体系中的一个重要纽带，关系到整个评估的有效性。评估对象的信息搜集、确定对象的评估内容、对评估过程中获得的数据信息进行分析、对结果进行有效性分析、获得分析的反馈并做进一步的处理等，这些都是评估流程所包含的内容，也是整个流程中比较重要的内容。

在评估流程中进行评估对象的信息搜集，信息分析是关键，因此必须采用具有针对性和有效性的分析方法。可以采取动静结合的搜集方法，其中静态的方法主要是指对流程中的固有的静态信息进行搜集，比如贫困地区的地理环境和人口结构以及民族构成状况等；动态的方法主要针对的是扶贫措施，要采取有针对性的措施，因地制宜，根据贫困地区的动态变化情况实施相应的帮扶措施。在搜集了动态和静态的信息之后，就进入了信息和数据的分析环节，可以利用当前最有效的大数据分析模式，结合云计算分析技术，重点分析评估对象中的关键环节，选择最重要的内容作为评估的对象，为扶贫措施的实施保驾护航，实现扶贫效益的最大化，并且与本地区的实际情况相结合，为扶贫攻坚打下坚实的基础。在数据分析上，除了采取大数据和云计算相结合的方式，还应该慎重地选择采用专业化的数据分析方法进行多维度的分析，从多个角度分析监评数据，并就各个角度的分析结果进行比较，就评估结果的有效性进行详细的评估。由此，可以看出评估流程在整个精准扶贫绩效评估中的重要性，评估的内容多样化，评估的方式多样性，层层深入、步步紧扣，对流程中的每一个环节都要以

最高的标准进行评估和监督，保证整个流程的顺畅和科学合理，这样精准扶贫的评估工作才能精准有效地进行。

四、构建实时准确、可扩展精准扶贫绩效评估的信息系统

精准扶贫工程本身就是一项巨大的工程，评估系统十分庞大，其运行也需要多方的努力和配合，评估涉及的内容和信息复杂多变，要应对的实际情况众多，评估过程中出现的问题也具有动态性，因此，过程中需要解决的问题十分广泛，需要在实践中不断地对评估系统中的信息进行完善和补充，提高数据分析的准确性，真正实现大数据支持的精准扶贫，利用大数据精准识别贫困户、精准助力贫困户脱贫。

首先，扶贫信息的传递要保证准确性。通常，扶贫信息是通过下级向上级逐级传递的，必须要确保所传递信息的真实性和准确性，将各单位搜集到的信息精准地传递到上级信息统计部门的，详细整理、科学归纳、准确分析，使得整个过程中获得的信息真实可靠，这样最后得出的分析结果才能够精准，才能够在精准扶贫和精准脱贫中发挥数据信息的真实作用。

其次，信息的传递和分析需要各个扶贫部门的通力合作，对搜集到的信息进行全面、准确、有效的分析，做到多部门的联动合作，这也是精准扶贫实施和取得成效的关键。只有这样，扶贫的措施才能够有效实施，才能够具有针对性，扶贫的成效才能够立竿见影。多部门联动包括公安、财政、民政、农业、卫生等政府部门，这些部门在扶贫中都是出谋划策和处理事务的中坚力量，比如对信息的核查和登记就需要民政部门的密切配合，对新农合、医保参与情况等数据的分析就需要当地卫生部门的数据配合，有时候对关键和遗漏的信息还能够做到补充和及时的更新，确保信息的及时有效性。

第四章 金融助力精准扶贫的优势及运用

最后，建立一个健全的扶贫信息系统，需要多部门的协作，财政、金融、工商、工业和信息化等多个部门都要协助基层扶贫工作的展开，对扶贫信息系统的建设提供技术和数据上的支持，尤其是动态信息支持，要及时补充更新信息和内容，完善数据指标库信息，加入更多扶贫评估的实际有效案例，提出具有针对性的扶贫政策支持，使得整个扶贫信息系统的运作具有高效性和针对性，及时覆盖所有的贫困户信息，实施动态监管和动态扶贫。

第二节 大数据有利于贫困信息的精准识别

一、利用大数据精准扶贫的价值和意义

精准扶贫的绩效评估主要是对扶贫效果进行客观和公正的评价，通过大数据和云计算系统进行现代化比较，对扶贫工作进行全方位评价，这种评价方法经过了实践的检验，具备客观有效性。该绩效评估系统的特征在于能够把现代公共服务的精神融入到精准扶贫的日常工作中，对精准扶贫工作进行现代化的管理和监督，提高扶贫工作的实施效率；充分发挥资本市场的作用，实现扶贫工作与市场的对接。这就需要恰当地处理市场与政府之间的关系，既要确保市场的调节作用，充分发挥市场的竞争机制，实行市场化的淘汰机制，同时又要把政府的宏观调控加入进来，毕竟市场不是万能的，市场缺陷一旦发挥作用，就很容易导致系统性的风险，扶贫工作很可能半途而废。因此，市场和政府的充分协调能够同时发挥二者的作用，又能够同时避免二者的缺陷，实现精确化管理。

大数据就是一种精确化的信息资源，在社会管理中发挥着重要的作用，如今，大数据和云计算已经纳入了国家发展的战略，是国家治理的基础性的信息资源，正在被大力地开发和挖掘。因此，在精准扶贫过程中，需要对扶贫的数据进行精确化的分析和计算，让大数据的思维和云计算的评价分析方法在精准扶贫中发挥巨大的作用，定性分析和定量分析相结合，促进资源的整合和有效配置，实现对精准扶贫成效的有效监督和客观评价。

（一）利用大数据能为精准扶贫夯实基础

大数据是精准扶贫的关键，是精准识别贫困的关键，必须要重视数据的搜集和使用。因此，对于精准扶贫而言，第一步就是精准识别

贫困户，这也是最关键的一步，不仅要识别贫困对象所在，也要识别导致贫困的主要原因所在，这才能够体现大数据扶贫的精准性。在实施精准扶贫工作中，大数据的作用必不可少，大数据的分析方式是"六个精准"目标的实现和扶贫瞄准机制的重要支柱。首先，通过数据资料查询、实地访问和考察以及贫困户交流工作的开展等方式来实现对扶贫对象的彻底摸底和排查，在大数据信息库中建立一个完善的贫困信息网络，从贫困户的分布、致贫原因以及贫困的类型和规模等角度来进行完善，将贫困户各方面的信息完整录入到大数据分析系统当中来，保持对贫困对象的长期跟踪，及时了解贫困户的现状，对新致贫和新脱贫的人员进行及时登记，以便大数据能够及时准确地根据实际情况对扶贫工作的整体成效进行有效分析。其次，在扶贫方式上，要充分立足于当地现有的扶贫资源，如自然资源、地理环境以及经济发展现状等因素，为扶贫工作的规划和开展建立信息资源库，使得扶贫工作队能够因地制宜地实施具有针对性的扶贫措施，同时将当地的金融投资、社会保障以及城乡建设等相关的扶贫工作联系到一起，实现扶贫信息的整合，以此为基础逐渐建立一个完善的扶贫信息资源库，对整个扶贫工作的进展有一个详细把握。最后是关于扶贫信息数据的共享问题，在扶贫基层主导部门与上级主导政府之间要实现扶贫信息的精准搜集与数据库信息资源的及时共享，相关部门与主体之间要进行数据的互联互通，及时对数据库信息的变动进行信息共享和通知，保证数据库信息的更新，以便为扶贫措施和决策的实施提供最准确的数据支持，为打赢精准扶贫攻坚战打下坚实的数据信息基础。

（二）利用大数据能进行精准分析

大数据分析是实现精准扶贫措施的保证，能够实现对贫困现状和扶贫工作成效的实时监控，为精准扶贫工作提供精准的分析支撑。大数据平台是一个集数据信息搜集、整理与分析一体化的信息平台，能够及时掌握贫困地区贫困户的变化，及时了解贫困户家庭的基本构成，以及扶贫前后的生产和生活条件的变化与对比，深入剖析贫困户致贫原因以及出现大规模贫困现象的地区规律。利用大数据和云计算的快速分析技术，能够对扶贫工作的整体走势和贫困地区因此而带来的变化进行精准的监控，对扶贫措施的有效性做到精准的分析，对不恰当、不合适、不科学的扶贫政策和手段通过大数据分析及时做出纠正和改变，做到精准扶贫，使资源的利用最大化。在大数据分析的基础之上，能够对贫困人口的基本信息有一个清晰的掌握，使得扶贫手段真正瞄准真贫困，能够"对症下药"，实施精准的"靶向治疗"，切实解决每一个贫困户存在的问题。同时根据每个贫困户的不同指标实施具有针对性的帮扶措施，既要实现贫困户的瞄准精准，也要实现扶贫对策的精准。另外，积极地引导社会力量参与到精准扶贫工作当中来，能够在选择贫困户和扶贫措施时做到社会力量与贫困帮扶的精准对接，减少无用功和低效率的社会力量介入。大数据扶贫最大的优势在于对贫困户信息的精准分析，以及对帮扶进程的实时监控，能够全方位地及时跟踪扶贫的进行，对贫困对象的改善情况和脱贫返贫的情况实时掌握，避免出现前脚脱贫后脚返贫的情形；对扶贫工作成效实施动态的管理和监控，谨慎地采取贫困户的退出机制，实现数据资源的有效利用，提高扶贫资源的有效配置。

（三）利用大数据能进行精准评估

大数据既是扶贫信息的基础，也是精准扶贫实施的有效评估手段。在精准扶贫的过程中，扶贫措施的有效性需要有一个完善的机制来进行评估，纯人工化的评估方式难免会存在较多的主观意识，在评估方向上也会存在较多的主观意见。而运用大数据系统这种情形出现的概率就会较少，并且评价结论具有客观性，主观性意见通常只会出现在评论结果的分析中。运用大数据分析系统来实现对扶贫工作的精准识别、精准分析和精准施策，各级扶贫工作小组针对各地不同的贫困情形因地施策，针对不同的贫困户因户施策，大数据系统在这中间起着科学决策的作用，为扶贫施策提供科学化的数据分析和政策建议。因此，通过构建精准扶贫评估绩效系统，能够精准识别贫困户的基本信息，提供精准施策的数据依据，并对扶贫工作的安排和扶贫资源的使用做到精细化管理，进而提高扶贫工作的精准化；同时，要建立完善的扶贫开发动态准入和退出机制，确保不漏掉每一个贫困户，对贫困户的信息要实施动态监测，及时发布精准扶贫的成效，实现扶贫成果的动态可查，能够在大数据信息中清晰地看到扶贫成效，实现对扶贫工作的动态化管理，建立严格的识别和退出机制，避免为了政策而"致贫"的现象发生；实现大数据系统的动态管理和实时监测，及时发现扶贫工作中的每一项问题，紧密有序地推进扶贫工作的实施，及时落实下达的扶贫政策，实时监测和评估扶贫考核的结果，对精准扶贫工作有一个动态的把握；汇总信息和各级政府以及扶贫工作小组的意见建议，将每一个扶贫意见都要纳入到绩效评估系统中去，并采用第三方评估方式，公正透明地分析整个扶贫工作的绩效，既要保证每一个扶贫工作队的意见和提出的问题得到落实，同时也要增强扶贫开发结果评价的有效性和真实性，提高社会大众对扶贫工作的认可程度，避免精准扶贫流于形式。

二、提升精准扶贫绩效评估效果的对策

精准扶贫绩效评估是实现精准脱贫的必要手段，能够对扶贫效果进行有效监测。对扶贫绩效进行评估可以实现对扶贫工作的动态管理，在对象识别和贫困治理上更加具有针对性，对扶贫实施之后的成效以及扶贫效果的后续监控能够起到有效的评价作用，并能及时反馈扶贫的信息，使得整个扶贫过程形成一个完整的工作链条和体系。

（一）构建精准扶贫绩效动态监测评估机制

精准扶贫的绩效评估是一个针对扶贫的连续性过程，在对整个扶贫过程实施绩效评估之时，其实就是一个对精准扶贫信息不断搜集和获取的过程，毕竟扶贫就是一项连续性的过程，不同的扶贫阶段，扶贫的信息和措施等都会存在不同的特征，这些变动的信息需要实时纳入到监控系统之中，才能实现对精准扶贫评估的准确性和有效性。根据精准扶贫阶段的不同，我们将绩效评估分为扶贫前的监测、扶贫中的监测以及扶贫后的监测这几个阶段，这些监测都是实时动态的监测，以确保评估的时效性和准确性，在评估内容上也各有侧重点。首先，在针对扶贫前的实时监测中，纳入评估系统的指标主要是扶贫规划、工作安排等方面的评价，在扶贫过程中的主要评估对象是扶贫措施的实施成效以及扶贫计划的落实情况，在精准扶贫过程中是否如实按照计划内容进行扶贫工作，是否按照要求展开，在采取措施上是否与计划的一致，实施的标准是否符合相关的规定和标准，这些都是绩效评估时需要纳入监测的指标；其次，监测评估的内容还包括扶贫工作的对象——贫困户本人，在精准扶贫的实施中，贫困户的参与情况如何，是主动接受还是被动接受扶贫，扶贫措施的落实是否覆盖了所有扶贫对象，确保没有任何的贫困户被遗忘；最后，对相关信息的关联性评价，对于精准扶贫的成效不能只看贫困户本人经济状况的改善，还应该对该地经济发展状况以及经济社会的主要指标进行评价和监测，扶贫不仅要实现贫困户的脱贫致富，还应该实现对该地区经济的带动作用，这样的扶贫才具有长期性，不仅能够实现预期的扶贫目标，而且社会经济的其他相关指标也达到了一定的预期效果。

由于扶贫工作本身具有长期性，要想取得预期的成效在短期内是无法表现出来的，只会在未来一段比较长的时间内显现出来。因此，在实施精准扶贫的绩效评估时，一味要求看到扶贫的效果指标是不现实的，所以评估不仅仅针对的是扶贫后的监测，还包括对扶贫前和扶

第四章 金融助力精准扶贫的优势及运用

贫中的监测,通过对扶贫前的规划实施和准备工作的监测与评估,对扶贫中的措施落实情况等进行监督,确保最后的扶贫成效是我们所期待的那样。所以在进行绩效评估时,要对扶贫的全过程进行一个动态的监测,要客观展现整个扶贫的过程,而不仅仅是对扶贫的结果进行展现。通过对全过程的监测来直观地了解精准扶贫最终成效的取得,使得扶贫工作的实施更加有底气。因此,在实施绩效评估时,应该从以下几个方面来进行:首先,制定规律化的调研制度和详细的调研表,对扶贫过程中出现的一些新的技术和概念进行及时了解,并对这些技术和措施进行客观的评价,尤其是一些有典型推广意义的新经验,应该在取得一定成效,确认其具有推广意义之后,在更大范围内进行实验,其他扶贫地区可以借鉴学习。其次,实施绩效监测的信息体系建设,建立动态贫困户建档立卡信息库,对贫困户、贫困村的基本信息进行统一的信息化管理,对阶段化的扶贫成效做出清晰展示,了解阶段的攻坚效果。绩效评估系统需要通过引入第三方独立机构来进行独立化的监测运营,提供公平、公正的评估服务,确保监测数据和评估结果不受扶贫主体主观思想的影响,这样的扶贫绩效评估才具有很大的参考价值,才能够推进整个扶贫措施不断完善和改进,切实了解扶贫的不足和优势所在,避免出现自己监督和评价自己的情形,保证绩效评估的独立与公正。再次,对扶贫资金的管理也要实现专门的监测和评估,扶贫资金可以说是整个扶贫工作的"燃料",缺乏资金,再好的扶贫措施都只是一纸空文,难以推进。扶贫资金是有限的,需要合理地规划和使用。因此,有必要在实施绩效评估时将资金的使用情况纳入到监测体系中,对资金的规划、分配方案、最终流向进行科学的分析和评价,尤其是对资金配置是否合理、能否起到杠杆化的作用进行重点监控,要以资金使用的实际成效作为最主要的评估依据,对资金使用的全过程形成体系化、制度化的评估机制,确保扶贫资金真正用到刀刃上。此外,还应该实现监管体系的综合性,在监管的构成上除了绩效评估主体发挥着主要作用之外，还应形成政府参与、社会监督、行业自律三位一体的综合性监管体制，互相制约、互相监督，建立事前预警、事中监督和事后评估的体系化的监督机制，对扶贫资金、扶贫对象以及扶贫措施等指标方面进行重点监测，以此为主要的评估指标，赋以较大评估比重，确保整个扶贫绩效评估的有效进行，促进扶贫工作的顺利实施。最后，建立扶贫工作的动态退出机制，对扶贫工作采取一系列的激励机制，推进工作实施的优胜劣汰，对科学合理的扶贫措施要大力地推广和激励，对落后不力的扶贫工作小组采取一定的问责机制，在问责的力度上要具有实效性，不能"隔靴搔痒"，这样不仅难以对整个扶贫工作起到积极的推动作用，而且很可能会对地区的扶贫工作起到消极怠慢的影响，因此，要将扶贫的成效与扶贫干部的绩效考核和选拔任用联系起来，形成必要的激励机制。

（二）引入信息化、专业化的第三方扶贫绩效评估机构

绩效评估作用的重要性意味着一定要确保绩效评估结果的真实有效，具有较大可信度，这样评估的结果才能被社会大众所接受。在影响绩效评估的多种因素中，利益的相关性是主因，比如，绩效评估的一方是项目的主要负责方，那么很明显评估结果会直接影响该主要负责方的利益，我们不能保证评估的结果不会掺杂更多的利益方主观因素，因此，在这种情形下，很难就绩效评估结果的有效性和真实可靠性做出判断。就这一点来看，我们在实施绩效评估时必须要把利益的相关方剔除出去，将整个绩效评估交给没有直接利益关系的第三方来实施。在精准扶贫的绩效评估体系中，引入第三方的独立机构来实施扶贫结果的绩效评估，通过第三方独立公正的评估，发挥绩效评估的真实作用，才能推动整个扶贫目标的实现。除了外部第三方机构的独立评价之外，还需要内部的扶贫开发评价，从自身的角度对扶贫开发的效果进行自我评价，有时候自己对自己的问题会更加清楚，对扶贫

事项了解得更加具体。这种内部评价和外部评价相结合的绩效评估体系，能够有效地实现对整个扶贫开发工作的监督，既能保证扶贫开发评估结果的真实可靠性，又能确保扶贫工作的顺利开展。通过内部和外部相结合的评估方式，能够及时地发现扶贫开发中存在的问题和值得推广的优势，这也是整个精准扶贫开发日渐走向成熟和完善的标志之一。

这种内外部相结合的绩效评估模式，需要参与评估的主体的多元化，构建由政府扶贫工作部门、独立的第三方评估机构、扶贫对象以及社会公众和社会组织共同参与的多方评估体系，其中，政府起主导作用，第三方独立评价，评估结果和过程不受扶贫参与主体的干扰，社会组织和社会公众发挥监督的作用，确保扶贫工作和政府扶贫资金用到实处，因此，在完善第三方评估机制的同时能够有效地提高精准扶贫绩效评估结果的真实性和有效性，推进整个评估系统的数据化与信息化。

多方主体的参与能够有效地确保扶贫信息在各主体之间共享，能够让扶贫参与的各方与扶贫开发监督的各方及时有效地获得这些信息，了解扶贫过程中出现的一些新情况和新问题，并对精准识别、扶贫设计和绩效评估等方面的信息及时地做出反馈，有效地解决信息传递不流畅、评价标准不一致、信息来源途径不通畅等多方面的问题。

除了内部和外部相结合的方式，根据参与主体的多元化，我们还可以将绩效评估的主体从第三方扩展至第四方，发挥绩效评估参与主体的广泛性，突破扶贫过程中政府与扶贫对象对有关扶贫信息的垄断，实现全社会的参与，广泛性的监督，使得整个扶贫信息的传递输送过程能够更加透明化，这样既能体现扶贫工作的开放透明，又有利于第三方甚至是第四方的扶贫绩效评估的信息搜集和扶贫工作开发的监督。扶贫绩效评估主体据此就能对整个精准扶贫的过程做出更加精确的判断，避免因为信息传递不畅导致评估结果的单方面性，从而提高整个扶贫工作的透明度，助推扶贫绩效评估工作的开展，让整个社会都能参与到扶贫开发的进程中来，从规划、实施、监督、完善等各个方面实现多主体参与，从而促进整个精准扶贫开发工作的有效进行。

（三）形成系统化、法制化的政府扶贫绩效评估保障体系

精准扶贫的绩效评估，需要从扶贫开发的方式、扶贫工作的监督机制以及法律法规的保障入手，实现对扶贫工作的全方位评估，通过法制的手段和系统化的扶贫措施解决贫困问题，从而实现精准扶贫的目标。

从国家的层面来看，需要规划和建立一个全国性的扶贫政策。国家层面的精准扶贫政策的规划和实施，应该综合考虑多方面的影响因素，包括扶贫过程中出台的一些指导性的意见和建议、扶贫工作的监督管理体制以及扶贫干部的绩效考核办法等，都应进行统一的规划和整合后形成全国性的政策，在全国范围内推广实施，增强国家层面的统筹管理力度，确保从中央到地方的扶贫政策的实施能够环环相扣，有力地推进扶贫工作的开展。

从法律法规的层面来看，扶贫绩效的评估需要有一个制度化的标准和有力的保障体系，指导绩效评估的顺利实施和推进。尤其是将扶贫绩效评估纳入政府的工作绩效评估指标后，有必要对整个绩效评估的标准和依据做出具体的规定和强制化的要求，从法律层面对绩效评估的范围、方式、内容和方法做出具体的规定，将整个精准扶贫的绩效评估工作纳入到法制化的工作进程中，使整个扶贫绩效评估工作有科学的法律依据和规章制度，让绩效评估有法可依同时也有法必依。此外，我国法律关于第三方评估机构的评估资质还没有具体的规定，需要从法律层面确保第三方评估资质的有效性和合法性，使其在实施评估工作、搜集扶贫相关信息资料中能够有更多的便利和法律上的依据，在分析评估结果、提交评估建议以及制订方案上能够畅通无阻，

不会因为法律的空缺而无故受到干预和威胁，用法律制度确保精准扶贫绩效评估的顺利推进。

从政府审计的角度来看，在精准扶贫工作中，扶贫资金的使用和管理需要政府审计，以确保扶贫资金不被挪作他用，甚至出现贪污扶贫资金的情形。因此，政府审计部门应该制定相应的制度，完善扶贫资金使用和公开的细节化章程，从使用的程序、期限以及透明度等方面进行监督和审计，并及时将审计的信息与第三方绩效评估机构进行共享，确保绩效评估的动态化管理。此外，政府审计中难免会发现许多资金使用上的问题，一经发现就必须提出整改的意见和建议，且应以正式文件的形式下达给整改部门，这样的政府审计才具有权威性和强制性。尤其是在有关问题触及了法律法规时，应该及时将其纳入法制化的处理轨道，交由相关职能部门进行进一步的处理，决不姑息。鉴于审计工作的重要性，应该在扶贫的全过程中予以实施，以实现审计工作在整个扶贫过程的全覆盖和整体性监督，为精准扶贫绩效评估提供重要的信息依据。

从系统化的层面来看，完善的绩效评估体系应该是涵盖省、市、县、乡镇、村各级在内的一体化绩效评估体系，通过整体性的绩效评估机制，对扶贫绩效评估工作进行整体化的指导和规划。由于我国之前就存在各地绩效评估方式不同的现象，因此建设全国性的绩效评估体系，整合各地不同的绩效评估程序、方法和技术，在此基础之上，构建一个标准化、系统化的绩效评估体系，并将其在全国主要的扶贫地区推广，能够促使我国的精准扶贫绩效评估工作逐渐步入制度化和规范化的运作轨道。

（四）构建覆盖全程的审计监督机制

扶贫在本质上是一个经济问题，因此，扶贫资金往往就成了精准扶贫的关键，但是很多时候，扶贫资金又是精准扶贫推进的限制性因素。即使一个国家的经济实力十分雄厚，财政支持的力量十分强大，但是对于扶贫来讲，资金供不应求的情况仍然十分常见，而且会在扶贫的过程中长期存在。一方面扶贫工作对扶贫资金的需求量很大，常常是入不敷出，扶贫项目难以推进；另一方面，一旦扶贫的资金充足，扶贫项目在受资金困扰时，对扶贫资金的使用通常会出现边际效益递减的情况，资金越多反而会使扶贫工作的成效难以取得预期的效果，甚至那些资金短缺的扶贫项目。因此，从资金量的角度来看，实施扶贫工作，应该立足于长期的扶贫效益，资金的投入应该是为了长期性的扶贫开发，重视对长期扶贫能力的培养，而不是通过资金量的大小来表现短期的扶贫效益，这种扶贫的效果不具有长期性和可持续性，很有可能会出现短期脱贫过后的返贫问题。可见，资金量不是扶贫的关键，关键是资金的使用效率，资金是否用在了关键的地方，资金的边际效用是否发挥到了最大化，扶贫的成效应该体现在扶贫资金对贫困对象的反贫能力的培养之上，这才是扶贫资金使用的宗旨。因此，对于扶贫资金的使用应有必要的监管，加强政府部门的资金审查力度，尤其是对扶贫绩效的审计，不仅要看资金是否用于正常的途径，还应该注重资金使用的有效性，发挥政府审计对扶贫资金使用效率的保驾护航作用。在事前对资金使用计划进行审查，事中对资金使用情况进行审查，事后对资金使用效能进行审查，确保精准扶贫资金使用的真实性和有效性，加强对扶贫资金使用的监管，避免资金浪费和挪用等情形的出现，真正让每一笔扶贫资金落到实处，高效实现精准扶贫的目标。

1. 建立事前规划审计制度。

对扶贫资金的审计有必要从扶贫规划做起，尤其是扶贫项目的立项和资金拨付，应该对资金的使用计划和使用安排动向进行详细的审计，安排专家团队对资金使用规划的合理性和科学性进行审计，建立审计专家咨询制度，通过专家审计对扶贫立项和扶贫资金的拨付是否合理进行确认，这些都是实施精准扶贫措施的必要环节和前提，从一开始就确保扶贫资金使用的科学性，避免低效和无效的资金使用安排，更能避免资金的挪用或是贪污。通过事前的专家小组审计，促使扶贫资金得到科学合理的规划和使用，从扶贫的源头就确保扶贫措施的精准性，强化资金的精准投入使用，提高精准扶贫的经济性和资金使用的有效性。

2.推进事中实时联网跟踪审计。

事中的跟踪审计需要在建立精准扶贫信息库的基础之上进行，因此，完善的扶贫信息库对于事中的跟踪审计来讲必不可少，这样才能借助信息库的平台和大数据的分析系统，对扶贫专项措施的实施和资金的使用动态进行实时的联网审计，动态跟踪专项资金的扶贫开发动向。事中跟踪审计人员需要通过线上和线下的平台对精准扶贫专项资金的落实和使用情况进行实时的跟踪监管，确保资金的使用动向始终在审计人员的监管之下。只有了解资金使用的具体动向，确保扶贫能够在监管之下进行，才能及时地发现问题，提出改进的意见和措施，促进资金的有效利用，加快扶贫项目的进程，实现精准扶贫的目标。

3.结合经济责任进行事后绩效审计。

扶贫资金的事后审计主要表现在对精准扶贫工作的验收上，包括资金最终使用的额度以及分类明细，并根据扶贫资金实际使用情况对扶贫干部的工作进行绩效考核，将之作为其履行职责的重要参考指标。除此之外，通过事后审计，也可以看出在扶贫资金使用上是否存在问题，资金是否存在被挪作他用的情形。另外，有必要建立一套有效的审计监管激励机制，对在扶贫资金使用上发挥了积极作用、最大化地发挥了资金使用效率的扶贫工作人员给予相应的奖励，促使扶贫工作人员更加合理、科学地分配和使用精准扶贫资金。在资金使用的合理性上，应该充分考虑扶贫最终取得的实际成效，以及群众对资金使用动向的看法和满意程度，将其作为衡量扶贫资金使用效果的标尺，全面地分析扶贫前后贫困地区的实际经济状况的变化,切实地反映扶贫资金给当地贫困户带来的经济利益。当然,难免会出现扶贫资金使用失衡的情况,此时就应该对资金使用的全过程进行细致的分析和检查,从客观的角度总结和分析问题出现的原因,并提出针对性的解决方案和办法,认真整改,削弱其对扶贫的消极影响。

(五)健全大数据下的精准扶贫绩效评估信息系统

大数据分析的重要作用主要体现在对目标对象的事前预测上,对分析结果具有较强的实际指导意义。通过海量数据的分析,我们可以对扶贫主体实施的措施和行为的趋势进行前瞻性的预测,提前预测可能出现的风险性因素,并未雨绸缪采取预防性措施,减少甚至是避免风险可能带来的不利影响。对一些行之有效、能够对整个扶贫工作产生积极影响的措施,也可以采取一定的干预措施,这样可以对积极效应的发挥起到更大的促进作用,也就是强化可能产生的积极效应,为精准扶贫工作的推进增加助力。

把大数据分析技术引入到精准扶贫过程中来,能够实现对扶贫信息的精准搜集和精准分析。大数据的信息搜集的方向不仅仅是贫困户本身,还包括相关信息的搜集,进一步扩充扶贫信息库的数据,使得数据信息分析更全面。扶贫数据分析也能借助大数据技术得到相应的提高,促进扶贫工作效率的提升,为实际的扶贫工作提供精准有效的数据指导和支撑。引入大数据分析技术其实也是为了更好地实现扶贫的目标,在众多的潜在帮扶对象中识别出真正的贫困户,扶贫的措施才能够真正扶贫。通过构建扶贫信息数据库,实现扶贫工作的动态监测,才能及时地识别扶贫工作中出现的问题,扶贫的措施才能更加的规范,才能落到实处。通过大数据的方式支持扶贫,扶贫的方式也就更加便捷化,可以通过手机等移动终端实时监测扶贫现状,及时了解扶贫进程,动态地采集和录入扶贫信息的变化情况,更加准确地得出扶贫成效的变化和评估的最新情况。基于县、乡、村三级扶贫机制的数据分类进行数据采集，通过纵向的数据评比方式来比较扶贫的成效，能够确保精准扶贫取得有效的成果。

　　扶贫的最后阶段是最关键的阶段，是扶贫工作即将取得成功的冲刺阶段，在这关键的时刻有必要进一步完善精准扶贫措施的监管机制，强化基于大数据的技术监管和分析，确保扶贫的最后一步能够顺利地进行下去。建立完善的扶贫信息系统，对扶贫工作的进程和扶贫措施的实施进行动态监管，完善有关扶贫信息的披露机制，加强社会主体的参与度，确保扶贫工作能够在社会各界的监督下顺利进行，让扶贫工作能够在阳光之下进行，扶贫资金的使用能够受到有效的监督和专业的审计。引入大数据技术的关键在于能够有效地实现扶贫的精准性，包括贫困户识别的精准、扶贫决策的精准、扶贫管理的精准以及对扶贫工作绩效评估的精准等，以此为基础构建一个系统化的扶贫信息系统。在该系统中，通过信息公开平台实时地关注扶贫工作的最新进展，加快线上和线下扶贫工作监督机制的建设，增强扶贫工作的透明性，确保扶贫工作的每一项职责都能落实到具体的扶贫工作人员身上，包括贫困户在内的社会大众，能够及时地了解扶贫政策和扶贫的实施进度，让群众的知情权得到充分保证，并积极参与到扶贫工作的进程中来，履行作为一名公民的监督责任。

第三节 金融扶贫的时效性、可持续性与动态性

一、金融扶贫的有偿性决定了扶贫资金使用的高效性和可持续性

扶贫资金是实现精准扶贫的关键性因素，在扶贫的时效和连续性上，扶贫资金起着重要的作用，但是并非所有的资金都能有效获得，资金的性质不同对扶贫的时效性和连续性的作用也不同。扶贫资金可以分为金融扶贫资金和财政扶贫资金两种不同性质的资金类型，从来源上来看，财政资金是由中央或是地方财政出资的，这就表明了资金的无偿性，由中央和地方省级财政部门通过转移支付的方式来实现扶贫资金的拨付；而金融扶贫资金是由银行等金融机构出资的，由农户或是具体的组织和项目向银行等金融机构申请获得，并需要支付一定的利息，利息具有一定的优惠性，但是从本质上来讲它仍然是有偿资金。根据有关扶贫的调研结果显示，有偿的金融扶贫资金在扶贫工作中产生的效益要远远大于无偿的财政资金所带来的效益，这可能是源于金融资金的有偿性所带来的激励机制，促使资金的使用主体更加谨慎地使用、详细地规划、科学合理地安排，避免扶贫效益没达到反而给贫困户造成更大的负担。银行贷款始终是要还的，社会各界的监督机制也相对完善，会有许多双眼睛盯着资金的使用，以防资金被滥用，扶贫效益没上去反而还需要解决巨额的扶贫贷款问题。而且在审核贷款项目时，贷款的主体银行如果对项目资金的效益存在较大的疑惑，就不会通过贷款申请，不会发放贷款。可是，财政资金的性质有所不同，财政资金主要解决的是扶贫贷款的兜底问题，一些不能通过金融资金进行精准扶贫的贫困户，只有通过财政资金的杠杆作用才能保证

基本生活。从湖南和广西的扶贫资金使用来看，财政资金的作用在于保证贫困地区的贫困人口能够有一口饭吃，解决基本的生存问题，但真正要做到从根本上脱贫，就必须依靠金融贷款的资金，正是金融资金的激励机制使得扶贫资金的使用具有可持续性。

通过湖南省和广西壮族自治区的贫困地区的扶贫现状来看，这两个地区的扶贫资金的贷款担保率为 1∶10，也就是财政资金投入 1 个亿作为扶贫项目的担保资金，可以带动 10 亿的金融扶贫资金，其实就是财政资金作为担保把金融扶贫资金的风险性降低了，金融机构在发放贷款时的后顾之忧就减少了。根据湖南省某贫困县的扶贫数据显示，财政资金和金融资金在扶贫中的作用，就等同于扶贫方式中的"输血"和"造血"之间的区别，更能体现出金融扶贫资金的激励机制。金融扶贫资金的特征与优势在于可使用的资金量大，申请资金贷款的途径较多，有许多的渠道来源，尤其是在扶贫中引入了金融机构之后，就相当于整个扶贫的过程有了社会组织的监督，既能提高扶贫资金的使用效率，又能够促使整个精准扶贫过程在全社会的监督下进行。社会资金的引入使得贫困地区的经济建设有了更多的资金支持，无论是基础设施建设还是当地特色产业的发展都能获得财政资金的担保和金融资金的支持。这就是典型的产业发展与社会经济组织相结合，改变了传统的"输血"式的扶贫模式，扶贫有了更多的社会主体的参与，而不再是政府扶贫部门大包大揽，能够更好地促进贫困地区产业的发展。

二、金融扶贫资金贷款到项目、到人及可循环使用适合动态性的精准扶贫

自从习近平总书记提出精准扶贫的概念之后，精准扶贫的内涵就得到了不断的扩展。精准扶贫主要包括两个方面的内容，即贫困人口的精准识别和扶贫资源的精准使用，使得精准的效果在扶贫的全过程

中都有所体现。

关于精准识别贫困人口的方式，前面已经进行了阐述，即利用大数据加云计算的方式对贫困人口进行精准识别。那么，关于扶贫资源的精准使用也值得探讨。所谓扶贫资源主要包括扶贫的项目规划和安排以及扶贫资金，其中扶贫资金又是整个扶贫工作的关键性因素。扶贫资金的精准使用首先在于精准瞄准贫困人口，在有效地识别贫困人口后，针对性地投入一定的扶贫资源，在针对性的扶贫项目的助力之下，实现贫困人口的精准脱贫和致富。精准扶贫的核心内容在于"真扶贫、扶真贫"，即既要实现贫困项目的有效性又要实现扶贫对象的真实性。精准扶贫应该动态识别贫困人口，扶贫项目能够因地制宜和因时制宜，随着贫困户的动态变化而实现扶贫项目的动态变化，随时掌握贫困信息资源的变动，深入分析致贫的原因，针对性地实施一系列的扶贫项目和措施。可见，精准扶贫的本质就在于精准瞄准扶贫对象和精准规划扶贫措施与项目，其本质目的就是不遗漏任何一个贫困人口，实现每一个贫困户的有效真实脱贫，最终精准消除贫困，提高贫困地区的生活水平和生活质量，全面建成小康社会。在全面建成小康社会的目标指引下，当前精准扶贫的目标是实现所有贫困户的精准脱贫，这里的"全面"体现的就是精准的要求。因此，扶贫资金的选择，就需要十分有效，金融资金存在的激励机制正是扶贫工作所需要的动力，在金融资金的助力之下，完全可以实现精准脱贫的目标。与财政扶贫资金不同的是，金融扶贫资金能够促使资金顺着整个扶贫项目走，切实满足贫困户的真实需求，扶贫贷款对贫困户来讲可能会造成一定的资金压力，但是这种压力同时也是一种动力，扶贫贷款的本质目的就是实现脱贫，发展经济生产力，经济发展了，金融资金的回流就有了可能性，同时对金融资金的需求又会上升。因为经济始终需要不断地扩大，那么这样贷款和还款的过程就会形成一种良性的发展机制，在这种良性的循环中，贫困户能够发现更多的商机和扶贫项目，

第四章 金融助力精准扶贫的优势及运用

真正实现"造血"式的脱贫目标。可以看出，金融资金的作用与财政资金有着极大的不同，但是这并不意味着财政资金在扶贫中就没有了存在的意义或是不需要政府扶贫资金的投入了。如果没有财政资金的保证，金融资金的使用就会缺乏担保，金融机构在审批扶贫贷款时就会有更多的风险顾虑，这就是两种扶贫资金各自的不同作用。在基层的扶贫调研中，有许多扶贫干部反映扶贫问题出现了动态化的特征，扶贫的各种情形在扶贫过程中动态变化，可见扶贫工作其实是一项长期性工作，2020年是精准扶贫关键之年，是全国扶贫工作应该取得阶段性成果的一个时间节点，但是，由于我国贫困现状的严峻性，且不说还有许多贫困户尚未脱贫，即便一些已经实现了暂时脱贫的贫困户在后面的发展中可能还有一些会返贫，尤其是一些新兴的贫困户，这些大多是因为突发性的事件导致的贫困，如重大疾病、重大事故等，这都使得扶贫工作是一个长期的过程。因此，通过金融资金的扶贫模式不仅能够对动态贫困进行管理，还能对扶贫工作提供长期性支持，在2020年扶贫取得阶段性成果时能够继续发挥作用，为那些返贫的贫困户提供资金支持。

本章参考文献

[1] 涂思.湖北省农村金融扶贫体系研究[D].武汉：武汉大学，2017.

[2] 李晓依.河北省望都县金融扶贫模式创新研究[D].石家庄：河北师范大学，2017.

[3] 温涛，王汉杰，王小华，等."一带一路"沿线国家的金融扶贫：模式比较、经验共享与中国选择[J].农业经济问题，2018（5）：114-129.

[4] 李创，吴国清.乡村振兴视角下农村金融精准扶贫思路探究[J].西南金融，2018（6）：28-34.

[5] 周孟亮.普惠金融与精准扶贫协调的路径创新研究[J].南京农业大学学报（社会科学版），2018（2）：149-156+162.

[6] 杨云龙，王浩，何文虎.我国金融精准扶贫模式的比较研究——基于"四元结构"理论假说[J].南方金融，2016（11）：73-79.

[7] 黄英君，胡国生.金融扶贫、行为心理与区域性贫困陷阱——精准识别视角下的扶贫机制设置[J].西南民族大学学报（人文社科版），2017（2）：1-10.

[8] 徐云松.金融精准扶贫问题的调查与思考[J].金融理论与教学，2016（3）：1-9.

[9] 周孟亮,彭雅婷.我国连片特困地区金融扶贫体系构建研究[J].当代经济管理，2015（4）：85-90.

[10] 潘功胜.加快农村金融发展 推进金融扶贫探索实践[J].行政管理改革，2016（6）：22-28+2.

[11] 宋海.关于加大金融支持精准扶贫力度的研究[J].全球化，2017（2）：17-28.

第五章 金融助力精准扶贫的模式研究

自从 2013 年提出精准扶贫的概念以来，我国各个贫困地区已经开展了一系列的金融精准扶贫的实践工作，并取得了一些实际的成效，因此，一些具有重要借鉴和参考意义的扶贫模式就有必要在更广泛的地区进行推广。通过总结我国贫困地区近几年的扶贫实践经验来看，有效的以及具有代表性的金融精准扶贫模式主要有政府主导的金融扶贫模式、金融机构主导的金融扶贫模式、产业金融扶贫模式。本章将对这几种模式进行详细分析，并就各种金融精准扶贫措施的特征和优势进行阐述。

第一节 政府主导的金融扶贫模式

这种模式很明显是在政府部门、扶贫机构以及金融管理部门共同主导下发起的，该模式下的金融扶贫又可以细分为四种扶贫模式，每一种模式针对的是不同情形的贫困地区。

第一种模式，杠杆式的金融扶贫模式，主要在广西、内蒙古和宁夏等地的贫困地区推广实施，采用的金融扶贫方式是"银行+农户+财政资金担保"，其中财政资金起到的是风险控制的作用，目的是为金融扶贫资金的顺利取得提供一定的风险补偿。主要是由地方政府、扶贫机构利用财政部门提供的专项扶贫资金来为整个金融扶贫工作的顺利开展设立一定的风险基金池，以政府部门的信用为主体，并加之一定的财政资金为辅助，为贫困户的金融扶贫资金贷款提供风险担保和补偿机制。金融机构在审批贫困户或是贫困项目的资金贷款申请时，会根据政府提供的担保额度，也就是根据财政资金的多少来批准贷款资金的申请额度。这个额度是按照一定的杠杆比例来实施的，通常情况下，金融扶贫资金的贷款杠杆比例大致在 1∶5～1∶12 之间，能够通过财政资金提供的担保作用，放大扶贫项目的资金贷款量，确保整个扶贫项目的正常运行。采用杠杆方式会使扶贫资金的使用量和使用效率大大提高，既能为扶贫项目资金的需求提供担保，又能通过杠杆效应放大扶贫资金的数量，扩大整体金融扶贫资金的总量。所以，对金融机构来讲，风险是可控的，即使是出现贷款资金回收困难的情形，风险一旦发生，也可以通过政府财政资金提供担保；一旦违约，可以按照政府提供的贷款担保的比例，按照约定承担不良贷款所带来的利益损失，这对金融机构的放贷是一种风险的控制。

第二种模式，扶贫贴息贷款模式，即对金融机构提供的扶贫资金贷款，由政府对贷款资金所产生的利息成本提供财政上的补贴，但是不介入金融贷款资金的使用风险的控制，只是为了减轻贫困户的还贷压力。在这种模式的指导下，地方政府可以为某些具体的金融扶贫资金贷款提供贴息补贴，主要针对的是特色产业的发展、特定的深度贫困地区以及对特定的深度贫困户提供还贷能力的支持，降低特定产业或是特定贫困地区贫困户的还贷成本。但是，这种贷款贴息的模式并不适用于所有的贫困户或是所有的扶贫项目，这就需要政府部门与金融机构在实施该种模式时确定贷款贴息的具体对象或是贫困户的特征，并且还应该对贴息的规模和比例做出明确的约定，以确保金融机构的利益得到充分的保障，这样，金融机构在发放扶贫资金贷款时才能减少顾虑。

第三种模式，民生金融扶贫模式，这是一种典型的惠民措施，要求当地的政府和人民银行按照一定的比例基于当地贫困户对象中的一些具有特定身份的主体给予一定的贷款政策优惠，如对贫困妇女、下岗失业人员、具有贫困背景的大学生创业贷款等实施的民生金融政策的优惠，在金融贷款指标、小额贷款优惠以及贷款申请审批等方面给予一定的便利。帮助这些具有特定身份的贫困对象及时走出后贫困的困境，实现贫困对象的精准脱贫致富目标。

第四种模式，央行再贷款扶贫模式，这种模式主要针对的是农业项目或是农业贫困人口的贷款优惠政策，需要人民银行的下级分支机构向涉及农业方面的金融机构发放再贷款的资金支持。这些涉及农业的金融贷款机构在确保具有充足的资金之后，才能够通过支农贷款、扶贫金融机构贷款等给予农业或是农村地区的贫困人口以金融贷款上的优惠措施，这项政策也是我国"三农"政策中的一种重要的支农金融资金扶贫措施，是实现农村贫困地区精准扶贫和精准脱贫的重要金融工具和手段。

一、政府诱导激励与金融信贷

穆罕默德·尤努斯作为格莱珉银行（也称为"孟加拉乡村银行"）的创始人，把贫困人口称作是"天生的企业家"，因为在银行的眼里所有需要贷款的人都是在资金上缺乏的人群，这种人群在贫困人口中表现得尤其明显。穷人总是生活在社会的最底层，他们的基本需求就是满足正常的生存需求，至少在他们贫困的时候是如此，因此，他们对生存有着巨大的渴求，同时对改变现状比普通人有着更大的动力。所以，从经济学的角度来讲，对贫困人口发放贷款所产生的边际收益要大得多，他们一旦获得了信贷的支持，能够产生的边际收益更高，当然，前提是这些贫困人口对贷款的使用有着完善的安排和有前景的项目可供资金使用和投资。可是即使这些贫困人口有着更高的边际收益，金融机构就一定愿意或是放心把资金贷给这些暂时没有担保能力或是抵押资产的贫困人口吗？当然不会，这就需要我们在实施金融精准扶贫时通过其他的金融工具和融资担保来确保贷款资金的安全，降低放贷资金的风险，减少金融机构对贷款审批的顾虑。

首先是政府贴息与小额信贷。在金融贷款的信用资质的审批上，大多时候借贷双方都存在着信息不对称的情形，贫困户与金融机构之间很难就信息的需求达成一致，特别是在大多数的贫困户中，基本不存在具有较高信用的主体，即使是贫困户个人的信用度的证明也缺乏一种能够让双方都认可的方式，信用资质的不确定，在金融机构的放贷中是一个极大的问题。此时就需要从政府的角度提供公共金融服务的扶贫政策，帮助贫困户挖掘其创业和致富潜力，使他们新颖的想法和观念能够在现实中得到发挥，给予他们从未有过的致富机会，但同时也要为他们获得金融贷款提供帮助，毕竟他们的资产现状和信用记录难以使他们获得有效的金融贷款。政府公共金融服务政策在贷款的贴息和信用担保方面提供支持，既可降低金融机构放贷的顾虑，又可使贫困户顺利地获得小额的信用贷款，为金融精准扶贫提供必要的资金支持。但是，对于金融机构来讲，贫困户自身的风险是十分大的，尤其是这种针对贫困户的小额信用贷款又与普通的商业信用贷款存在着诸多的不同，并不是有了政府的信用担保就能够确保金融机构的资金安全准时地回流。因此，在放贷时，特别是审批贷款申请时，应该将政府的金融扶贫政策以及专业的风险管理意识引入到整个审批过程中，以确保贷款的数量最优化。

此外，对于贫困户来讲，只有创业和致富的梦想是远远不够的，对于金融知识薄弱、社会接触性较低以及大多数受教育水平都不高的贫困户，金融机构和政府部门不仅要为他们获得贷款提供便利，同时在创业实施和资金管理方面还应该提供相应的技术支持和专业的知识服务，使贫困户家庭能够更加放心地使用资金，在创业的过程中减少不必要的阻碍。如果贫困户缺乏必要的创业服务和支持，在获得银行贷款、技术支持以及管理服务时就会存在心理上的障碍，因为他们要面对的问题实在是太多，以至于心有余而力不足，对于扶贫工作来讲这是一种综合性的损失。这种心理主观障碍可以用一个不等式形象地表示为：V（信贷）+V（技术支持）+V（专业管理）<V（信贷+技术支持+专业管理）。在这种心理效应的影响之下，金融精准扶贫工作的成效就会大打折扣，这就需要政府扶贫部门与金融机构之间整合资源，为金融扶贫措施的精准和便利实施提供一站式服务。

其次是商业保险加保险补贴。贫困主要多发于农村地区，我国精准扶贫的攻坚主阵地也是在农村地区。一直以来，我国农村地区的收入主要依赖种植业和养殖业，且大多是小型规模，勉强能够维持家庭的日常生活开销。因此，对农村地区的扶贫，还是应该立足于传统的收入方式，对传统产业进行扩大和转型升级，确保农村地区的贫困人口能够在原有产业的基础之上实现脱贫致富。但是，农村地区发展的最重要的影响因素是自然灾害的频发和不确定性，这给农村地区的产业发展和精准扶贫工作的开展带来了不确定的风险，而且很多时候这种不确定风险成为导致扶贫失败和返贫的主要原因。因此，适时地引入保险制度是农村地区规避扶贫风险的有利措施。现实中，一方面是保险知识的推广力度不够，大多数农村地区的人们对保险的认知不足，不买保险或是很少买保险；另一方面，由于保险业务人员在工作方式上存在一些问题，导致人们潜意识中对保险存在疑虑，使得保险的推广受到了一定的阻碍。

以印度为例，为了确保当地农村的收入，许多非政府组织为当地农民赠送了农作物收入保障的保险项目，但是实际上的保险签约率十分低，人们对保险仍然存在着较大的疑虑，又是免费又是非政府组织，农民自然会对保险的目的和性质产生不必要的怀疑。在我国云南文山地区，根据当地农业部门的调查数据显示，购买保险的农户不足3%，而少数民族的农户几乎不会购买保险，从心理上就形成了一种排斥的态度。在我国大部分地区，尤其是贫困的农村地区，为什么不购买保险呢？一方面是因为他们对风险的控制意识不够，觉得风险不可能这么巧就降临到自己的头上；另一方面，是由于对保险了解得不全面，只知道医疗等有关身体的保险，但是对天气等自然灾害的保险知之甚少，况且自然灾害的发生具有一定的规律性，不是年年都会发生，所以很多农户也会存在一定的侥幸心理，认为购买了保险也没有多大的作用，尤其是保险需要预付款，风险没有发生觉得是一种亏损，而风险发生了又是一种遗憾，后悔没有购买保险，这是大多数人对于保险的一种矛盾心理。目前保险市场针对农业提供的通常是小额度的保险，农户们对保险费和保险金额之间的比例并不是很满意。因此，保险在农村地区的推广还需要政府部门的介入，一方面，要想提高农村保险的普及率，还需要政府对农村地区购买保险进行一定的补贴，降低农民购买保险的成本，另一方面要与保险公司密切合作，完善保险制度，丰富农村地区的保险种类，引导农村地区的贫困人口积极参与到保险行业中来。

最后是合约农业与权益资本。在发达国家，农业风险的回避通常是通过远期合约的方式来锁定市场，在还没有成熟之前就已经确定了产品的价格和销售的对象。我国金融市场的发展较为缓慢，但是这种通过远期合约来锁定市场的方式在我国也已经出现，尤其是在一些较大的农业省份，远期合约已经是我国农业发展的主要方向。而在贫困地区，由于自然条件较差，交通等基础设施不完善，农产品的运输成为销售的主要阻碍，一旦产品市场再出现变化，对于基础设施极差的贫困地区来讲，这将会是一件雪上加霜的事情，产品的销售以及多数时候出现的产品滞销成为贫困地区发展的重大阻碍，给当地贫困户的收入带来了巨大的风险。因此，政府一方面要改善农业本身，对贫困

第五章 金融助力精准扶贫的模式研究

地区的农产品采取免税和政府补贴的方式,降低农户潜在的风险,提高贫困户的收入;另一方面要积极地拓展新的农业发展项目,引入生态农业、农村旅游等新兴产业,由政府出资完善相应的基础设施,以合约的形式做好贫困户的扶贫对接机制,积极开拓市场,完善产品质量,为新型农业提供和开辟稳定的市场环境。

贫困的农村地区对扶贫资金的需求是十分强烈的,很多时候单纯地依靠财政资金的担保和金融扶贫贷款的支持难以从根本上解决金融扶贫的本质问题,如果对金融风险的控制不够,很容易加重贫困的资金压力,导致杠杆化的金融高风险,对贫困地区的扶贫和产品开发产生负面影响。那么,这是否就意味着要摒弃金融精准扶贫呢?当然不是,每个贫困地区的致贫原因和自然条件存在诸多不同情况,应当在金融产品的提供和开发上做到因地制宜,针对性地提供与当地相适应的金融产品和工具,既要满足当地对金融扶贫资金的需求,又要普遍降低贫困人口对资金压力的担心,从根本上改善扶贫资金的使用状况,提高当地人口的生活水平。提供与当地相适应的金融产品和工具,单纯依靠金融机构的信息是难以做到的,这就需要政府精准扶贫信息库的帮助,对扶贫对象的信息进行精准的分析,以财政贴息和财政资金投入等辅助手段,组织和协调社会金融组织参与到整个地区的金融精准扶贫项目和工作中来,既要给予贫困户金融贷款以一定的金融杠杆,还要为这些金融杠杆可能产生的风险提供分散和解决的方式,形成有约束力的金融扶贫模式。这种约束力主要是针对贫困户本身的,不能在风险控制和分散中只有政府处理和服务,也需要贫困户本身的积极参与,降低金融贷款中存在的风险,即不仅要让贫困户享受到政府对金融扶贫贷款的贴息和扶持等优惠政策,还要使其积极地与政府扶贫项目进行精准的对接,把"造血"式扶贫变成"输血"式扶贫。同时,政府贴息和财政资金担保的方式能够积极地诱导和激励金融机构的贷款积极性,主动为贫困户提供小额的信用贷款支持。

此外，对贫困户扶贫积极性的调动也需要金融机构的参与，一方面提供廉价和优惠的小额信用贷款，另一方面，对贷款后的用途要提供积极的技术指导，对贷款资金的管理也要提供专业化的服务。这既是对贫困户的帮扶，也是对发放的贷款资金风险的控制。对于金融机构来讲，只要贫困户能够将资金使用在有规划的扶贫项目上，扶贫资金投入到相应的生产中，他们就只需要关心日后资金使用的风险分散即可。对于政府来讲，其提供的农业保险补贴对金融机构也是一种风险担保，通过给予保险公司和贫困户更多的商业保险补贴，降低贫困户的生产成本，提高保险公司的投保积极性，还可以以此为范例，引导其他社会组织参与到政府主导的金融扶贫模式中来，为整个贫困地区的扶贫工作提供更多的社会服务和市场可能性，并促进合约农业的发展，使得农业的风险控制在自然灾害等不可抗力的因素之内，让农业生产与市场销售直接对接，减少时间成本可能带来的损失，将更多的市场风险扼杀在生产的初期。前面的资金取得方式告诫我们，政府提供的财政资金所带来的扶贫效果和贫困户的生产积极性远不如金融贷款资金所带来的积极效应，就好比直接将扶贫的资金给贫困人口，使用的途径和方式都由贫困户自主决定，那么扶贫的效果就会大打折扣。因此，在扶贫资金的使用和安排之上，必须要把资金的获得和使用与金融机构捆绑起来，对整个金融扶贫中的资金使用附加一定的条件约束。前述的有约束力的金融信贷扶贫模式的主要特征就体现在以政府为主导、以社会为监督、以贫困户积极性为关键，既要发挥政府在整个扶贫过程中的辅助作用，又要引导社会力量参与到金融精准扶贫的过程中来，促进各种扶贫资源的优化配置，并且充分地调动贫困户的生产积极性，发挥贫困家庭的主观能动性。因此，精准扶贫是以政府为帮手，但仍以贫困户为主体。

二、政府主导下的市场化扶贫新模式的构建和运营

市场化扶贫新模式并未引起广泛的重视，在理论上也缺乏深入的研究，这不利于其规范发展。本文对新模式的构建和运行进行了初步分析，为后来者提供进一步研究的基础。

（一）政府与社会资本合作模式

政府与社会资本合作又称为PPP(Public-Private-Partnership)，即公私合作模式，指的是在基础设施、公共工程与公共服务领域政府与非政府主体合作共赢式的供给机制。扶贫项目PPP是政府主导下的市场化扶贫机制的创新模式，其运作流程大致可以划分为以下几个部分：扶贫项目立项与可行性研究→选择民间参与者→订立合同→项目开工建设→工程管理运营→项目移交。目前在农村扶贫工作中应用PPP模式的文献尚不多见。丁锐等分析了青海省都兰县沟里乡牧区乡村转型发展PPP模式的成功案例；庄序莹和鄢璐以四川省沪州市纳溪区农业综合开发小流域治理项目为例分析了纯公益项目PPP模式的构建；王君以湘西州为例分析了民族贫困地区应用PPP模式的可行性，这些案例为扶贫项目PPP模式的设计和运营提供了参考。当然，PPP模式还存在一些不成熟的地方，周正祥、任春玲等人的研究可以帮助我们在扶贫中更好地运用PPP模式。

（二）政府购买服务

政府向社会组织购买公共服务，是指政府将原来直接提供的公共服务，通过直接拨款或公开招标等方式，交给有资质的社会组织来完成，最后根据择定者或中标者所提供的公共服务的数量和质量，来支付相应服务费用，也就是通常说的"百姓点菜、政府买单、社会力量

干活"。《国务院关于政府招标购买社会公共服务的决定》首次明确将政府购买服务纳入扶贫模式，贫困地区的医疗、养老、教育、科技等服务完全可以通过政府购买的形式予以解决，甚至可以直接购买扶贫服务。在此引用朱俊立提供的政府向慈善组织购买村级扶贫服务案例来具体分析这一模式的运营。朱俊立发现扶贫专业组织（如慈善组织）相对于政府在扶贫方面更专业也更细致，更符合精准扶贫的要求，具体表现在以下几个方面：首先，针对扶贫项目偏离贫困群体的难题，慈善组织扶贫的做法是以"需求为本"设计村级扶贫项目。他们在当地政府推荐的基础上，参考统计资料，并辅之以"实地调研"，按照"最贫困""最脆弱"和"少关注"的原则来选择参与项目的贫困村。在项目村内部，慈善组织一般首先对农户进行抽样调查或者普查，建立农户档案，然后应用"参与式扶贫分级"等方法和工具，进一步识别贫困人口，优先选择最贫困、最需要帮助的人群参与项目。其次，在项目的具体目标和内容的制订环节，慈善组织能事先进行长期而深入的需求评估，通过入户调查、村社关键人物访谈、小组访谈、社区会议等多种方式收集信息，与贫困人口共同分析和讨论他们所面临的问题和困难，寻求相应的解决策略。在此基础上，综合考虑贫困村自身的资源动员能力、慈善组织的专业领域以及能够提供的具体资源和支持等因素，优先回应和满足最迫切的需求，确定扶贫项目的具体目标和内容。通过上述安排，慈善组织能有效解决扶贫资源偏离贫困群体的问题。实践中，慈善组织投资的扶贫项目直接将扶贫资源投放到贫困农户的成功率和资金回收率均在90%以上。当然，欠发达地区社会组织发育不完善，难以提供高质量的服务，因此培育合格的市场服务主体是采用政府购买模式的前提。

（三）资产收益扶贫

在《国务院关于探索新型扶贫方式的决定》和《关于实现脱贫攻

坚规划纲要（2015—2020年）》中都提出要"探索资产收益扶贫"，这是中央提出的扶贫模式的重大突破，主要针对自主创收能力受限制的农村贫困人口，比如丧失劳动力而无法劳作的农民，目的在于把细碎、分散、沉睡的各种资源要素转化为资产，整合到优势产业平台上，扩展贫困人口增收路径，实现脱贫致富。目前，已有四川、湖南、湖北、贵州等省先行探索资产收益扶持制度。各地做法大体类似，即利用财政专项扶贫资金或部分支农资金作为贫困人口的股份，参与专业大户、家庭农场、农民合作社等新型经营主体和龙头企业、产业基地的生产经营和收益分红，以增加贫困人口的财产性收入。例如，四川省出台《创新投资收益扶贫新模式试点方案》，提出"贫困户优先股"和"贫困户股份"概念，以增加贫困户在财政支农资金形成资产中所占股份，切实为贫困户增收。"贫困户优先股"针对的是财政支农资金投入到农民专业合作社形成的资产，在股权量化时，划出一部分设立贫困户优先股，剩余部分再量化给社员。假设某村100户人，其中10户为贫困户，财政资金形成资产，平均股权量化后每户占股1%。根据新的试点方案，协商后，若将10%的股份划为贫困户优先股，分给10户贫困户，每户可占1%，剩余90%股份再量化给全体社员，每户可占0.9%，因此，贫困户每户股份为1.9%。"贫困户股份"是针对财政支农资金投入到农村集体经济组织形成的资产，可先设立贫困户股份，仅贫困户享受，剩余部分再按一人一股量化给农村集体经济组织成员。对于贫困股份，遵循"谁贫困谁享受"的原则，脱贫后即自动退出，股份将分配给新增贫困户或者均给其他贫困户，继续履行其扶贫功效。"贫困户优先股"突出"优先"，在财政支农资金使用过程中适度向贫困户倾斜，为其增加长期稳定的收入来源。"贫困户股份"突出"特惠"，作为一项贫困保障机制，为贫困户兜底。方案还明确，鼓励龙头企业与农民专业合作社或农村集体经济组织共同利用财政支农资金成立实体，农民通过合作社或农村集体经济组织持有实体的股份，可设立贫困户优先股，剩余股份再按规定量化。对于财政专项扶贫资金投入形成的资产，将全部以优先股的形式量化给贫困户，并参照商业银行一年期定期存款利率，确保贫困户分红底线。目前，关于资产收益制度的理论探讨尚不多见。余佶以贵州省六盘水市以"资源变股权、资金变股金、农民变股民"的案例总结了资产收益扶贫的经验和关键问题。

第二节 金融机构主导的金融扶贫模式

以商业银行为主的金融机构主导的金融扶贫模式，主要是通过不断改变金融扶贫产品，针对贫困地区的特性制定具有针对性的金融扶贫产品，如通过不断地改变抵押、质押和担保的方式为金融扶贫创新扶贫贷款的产品，有针对性地推进精准扶贫的实施。该种模式主要有三种类型：第一种是"金融机构+互助金+贫困户"的金融扶贫贷款模式。在该种模式的指导下，由村委会或是扶贫小组成立相应的互助金小组，互助金的主要目的是减少金融机构贷款的风险性，为贷款提供风险担保，在互助金的担保范围为贫困户提供相应的资金贷款。在我国的金融精准扶贫的具体实践中，这种模式存在多种情形，还有一些子模式。由于该模式为金融机构发放贷款提供了互助金的担保，互助金的多少就决定了金融扶贫贷款的杠杆大小，随着互助金的增多，金融机构能够向贫困户发放的贷款数量呈几何倍数增长。第二种是"金融机构+农村产权抵押+贫困户"的金融扶贫贷款模式。对于大多数贫困户来讲，其缺乏必要的固定资产或是其他具有价值的产品进行融资抵押，既没有信用资质，又没有可以被金融机构接受的抵押物用来抵押贷款，因此，部分地区开始探索利用"五权"的方式实施抵押贷款，这种抵押贷款方式已经在一些深度贫困地区推广开来。所谓的"五权"主要是指土地经营权、林权、滩涂养殖权、房屋所有权、集体用地使用权。针对这"五权"的抵押贷款已经正式成为我国金融扶贫贷款的一种新型模式，并以正式文件的形式出台。我国已经陆续出台了《农村承包土地经营权抵押贷款试点暂行办法》《中国银监会国家林业局关于林权抵押贷款的实施意见》等推进"五权"试点实施的一些优惠性政策和具体实施办法，有的地区已经开始尝试推进"五权"抵押贷款的正式实施，如四川、湖北等地，2016年就已经开始试点"五权"

抵押贷款的金融扶贫模式，这些地区以土地经营承包权的抵押为主；东北、云南等地开始实施以林权为主要抵押物的金融扶贫抵押贷款，这些金融贷款方式的创新都是推进金融精准扶贫工作的有利措施。第三种是"金融机构+公司担保/公务员担保/贫困户互保/协会担保等+贫困户"的金融扶贫贷款模式。这种模式利用除政府之外的第三人为贫困户的资金贷款提供一定的担保，主要包括与贫困户有着密切经济往来的公司、个人或是其他社会组织，在双方达成协议的情况下，为贫困户提供一定额度的金融扶贫贷款支持，解决由于贫困户与金融机构之间的信息不对称所导致的贷款审批不通过的问题。目前，在该种模式的实施和推动之下，已经有了基于该种模式的进一步的创新，对于提供担保的对象已经形成了二级甚至是三级担保等多层级的担保模式。这种金融扶贫贷款模式有利于政府在扶贫中获得金融机构的资金支持，同时也有利于促进金融机构探索扩大农村地区的金融市场。

一、小额信贷支持是目前金融精准扶贫最主要的手段

从湖南和广西的扶贫案例来看，在实施金融精准扶贫的工作中，小额信贷是贫困地区采用的最主要的金融扶贫工具。具体来看，2016年，广西深入落实中央出台的《关于金融助推脱贫攻坚的实施意见》，同时，为了有效地推进金融资金扶贫工作，自治区政府从财政资金中拿出了3亿元用于支持贴息贷款，作为整个金融资金扶贫的杠杆资金。这3亿元的财政扶贫资金并不是全部用于金融精准扶贫贷款的担保，其中一部分用于部分建档立卡的深度贫困户的兜底保障金，给予这些深度贫困户以每户5万元的扶贫资金支持，并给予金融机构贷款免抵押和免担保的优惠政策，而且三年内都能够享受政府的低息甚至是无息信用贷款的政策扶持。对于自我扶贫能力较强、与扶贫开发工作有

着良好的对接机制的贫困户，在贷款额度上给予更大的优惠和放宽，允许这些自我发展能力强的贫困户向金融机构申请6万~10万元的扶贫贷款，并由政府给予扶贫贷款以资金担保。截止到2016年9月底，广西境内共向31.85万户的贫困对象发放了将近152.28亿元的小额信用贷款，这些贷款都由政府的财政资金承担了担保的责任。从数据上可以看出，随着金融精准扶贫的不断推进，2016年的金融扶贫贷款量相比2015年呈现出几何倍数的增长，比2015年的贷款量增加了135亿元，政府对金融精准扶贫的推进力度可见一斑。根据湖南省的扶贫数据显示，在2016年的时候湖南省也对境内的贫困户采取了类似的扶贫支持措施，对贫困户在贷款额度、财政贴息、贷款利率以及贷款期限上给予了较大的优惠，尤其是在贷款的利率上，通过政府的贴息贷款和财政资金的补贴，使得贫困户从金融机构取得的贷款的年化利率仅为1.75%，甚至接近了银行年度的存款利率，比正常的农业贷款利率降低了约4个百分点，且在贷款的期限上可以延长至5年，相比普通的贷款利率和贷款期限有了很大的优惠，这极大地降低了贫困地区的扶贫压力。这些针对贫困户的优惠贷款，主要用于扶贫特殊产业和贫困户创业就业等能够直接产生扶贫效益的项目。根据湖南省金融扶贫数据显示，2016年1~9月的金融扶贫贷款额度达到了58亿元。可见，小额信贷已经成为贫困地区扶贫贷款的主要形式之一，也是实施扶贫和实现脱贫的最主要的手段之一，效果十分明显。

二、金融扶贫资金跟着项目走，助推特色产业发展

金融资金扶贫模式注重的是扶贫项目的投资收益回报率，因此，很多时候银行等金融机构在发放贷款时还会对贷款的用途进行细致的考察，以确定贷款的用途是恰当的，对于申请贷款的贫困户来讲，一

金融科技助力精准扶贫问题研究

个良好的贷款项目有助于其顺利地从金融机构获得贷款的支持；而对于金融机构来讲，还款的顾虑也会大大地降低，减少对还款风险的考虑，保证贷款对象在后期能有还款的来源。比如，在广西的扶贫专项贷款工作中，扶贫工作小组在帮助贫困户申请贷款的时候首先考虑的是贫困户是否有一个良好的贷款项目，既能使贷款申请顺利地获得批准，又能真正地促进扶贫工作的开展，这就需要扶贫工作小组根据贫困地区当地的实际情况，寻找最适合于贫困户的贷款项目，尤其是以当地的特色产业作为扶贫开发的首选对象。这样，当地金融机构在放贷的时候对资金的使用动向也能够有一个更加清晰的了解，实现双方信息的对称。广西田东县的扶贫开发模式就值得借鉴，当地通过成立合作社的形式，并根据不同村镇的实际情况和产业特色，分别建立起了不同产业的合作指导社，这些合作社的类型是根据当地的特色产业来确定的，如以油茶、火龙果、柑橘等特色农产品作为合作社的基础，不仅解决了扶贫项目的问题，同时也为金融扶贫贷款提供了可持续的贷款项目，有利于整个扶贫工作的顺利可持续进行，为打赢精准脱贫攻坚战奠定了坚实的产业基础。田东县的朔良镇在 2015 年通过农信社获得了 1500 万元的信用贷款，这笔贷款既有政府财政资金的贴息支持，又有当地特色产业作为还贷的支撑，这些贷款中有 500 万元是用于柑橘树的改良和新品种的培育，最后不仅解决了当地大部分的贫困问题，还优化了当地的产业结构，促进了当地以柑橘为特色的产业发展。除此之外，国家的一些政策性的扶贫贷款还解决了贫困地区落后的基础设施建设以及贫困户的整体搬迁，这些项目和工程的主要资金来源就是国家政策性开发银行的支持。从湖南和广西的扶贫调研来看，这些政策性银行的扶贫资金已经成为当地扶贫建设资金最主要的来源之一。比如，2016 年，国家开发银行和农业发展银行给予了湖南贫困地区易地搬迁信用贷款 141 亿元，成功地解决了一些深度贫困地区的扶贫项目问题，其中，用于易地搬迁的贷款就有 20 亿元。并且，在湖南省，国家开发银行和农业发展银行计划在"十三五"期间累计为当地金融精准扶贫提供 2000 亿元的扶贫贷款支持，这比"十二五"期间的扶贫贷款增加了 1300 亿元。

三、围绕"四个结合"创新普惠金融与精准扶贫协调路径

从前文的分析可以看出，我国普惠金融与精准扶贫有效协调的总体目标要求是：不能让"市场力量"为主的普惠金融从属于"政府色彩"浓厚的精准扶贫，不能牺牲普惠金融自身的发展来扶贫，要在促进普惠金融自我发展的基础上服务于精准扶贫，通过二者的协调，既要有利于构建我国真正意义上的普惠金融体系，又要为精准扶贫提供高效率的金融支持。基于以上目标要求，本文提出"四个结合"的普惠金融与精准扶贫协调新路径。

（一）实现微型金融、合作金融与其他金融扶贫模式的有效结合

普惠金融服务精准扶贫应该重点发挥中小型商业性金融机构，特别是微型金融组织在扶贫中的信贷机制和技术优势。合作金融具有资金互助优势，特别是资金互助与贫困农户的产业建设相结合，能发挥农户脱贫的内在动力，是实现脱贫的有力手段。普惠金融服务精准扶贫具有精准优势，能使资金流向真正的贫困人口手中。由于商业银行是以盈利为目标导向，大型商业银行可以通过支持贫困地区特色产业发展来服务精准扶贫。政策性金融以政府政策目标为导向，严格意义上说不属于普惠金融范畴，但政策性金融在精准扶贫中可以帮助解决一些基础性和宏观性的问题，在改善贫困地区落后的交通、教育等基础设施，支持贫困地区易地搬迁项目建设等方面发挥作用。对于大型

商业银行来说，它与贫困户之间存在更多的信息不对称，它的金融产品对贫困户来说也存在一定的不适应性，因此大型商业银行可以通过间接方式实现金融业务在贫困地区的"下沉"，借助自身优势与微型金融机构开展资金、信贷技术和信息等方面的合作，使金融业务真正惠及有金融需求的贫困人口。通过实现大型商业性金融和政策性金融与普惠金融扶贫模式的有效结合，发挥不同扶贫模式的比较优势，扬长避短，共同为精准扶贫提供高效、可持续的金融服务。金融机构要看清自身在精准扶贫中的优势和定位，不能只是为完成国家的政策性扶贫任务而硬着头皮去扶贫。要破除本位观念，认识到其他类型和规模的金融机构是自身优势得到充分发挥的基础，单凭自己一家金融机构努力是不能完成精准扶贫任务的。

（二）实现金融到户扶贫、产业扶贫和基础性扶贫的有效结合

发展普惠金融，服务精准扶贫，要实现 7000 多万贫困人口精准脱贫，应该实现微观、中观和宏观三个扶贫层面的结合。（1）微观层面扶贫是精准到户金融扶贫，要提高扶贫资金使用精准性，让扶贫资金精准到达贫困人口手中，严格避免扶贫资金使用中的"寻租"现象，避免"跑""滴""漏"。在普惠金融服务精准扶贫过程中要注重对贫困人口脱贫意志的教育，将扶贫资金与贫困人口内在脱贫意志相结合，通过贫困人口努力发展生产实现精准脱贫。否则，再多的扶贫资金也是徒劳。另外，到户金融扶贫要注重提供包括信贷、教育和咨询在内的多方面服务。（2）中观层面扶贫指产业项目金融扶贫，由于贫困人口不一定都能找到自己的脱贫生产项目，或者由于生产项目进入门槛的存在，贫困人口不具备前期投入和能力等多方面原因，无法单独从事脱贫生产项目。另外，所有贫困人口都单独从事脱贫生产项目生产，也无法体现当地特色，或者不具有规模效应。这就需要通过扶

贫资金促进脱贫生产项目的发展，从而带动贫困人口脱贫。但产业扶贫具有间接性，贫困人口在产业扶贫中容易被边缘化。政府对于打着"扶贫"旗号享受国家扶贫政策却不能真正开展扶贫的龙头企业和项目应有所辨别，不能只是简单地将产业扶贫龙头企业引进来，更应该通过过程管理，加强对扶贫龙头企业在帮扶建档立卡贫困户方面的绩效考核。（3）宏观层面扶贫是基础性金融扶贫，贫困地区的基础设施、信用体系等整体发展环境的改善虽然不能直接促进贫困人口增收，但对扶贫项目发展和贫困人口发展生产具有很重要的作用，对普惠金融服务精准扶贫的效果也有直接影响。总体来说，到户金融扶贫和产业金融扶贫是关键，基础性金融扶贫是补充，普惠金融重点应该在产业金融扶贫、到户金融扶贫方面发挥主导作用。各金融机构要在政府的引导和激励下积极开展业务创新，微型金融应该发挥信贷机制优势，发现那些拥有一定技术、具有产业发展能力但缺乏资金的贫困户，积极介入，启动到户扶贫。商业银行特别是涉农类商业银行要挖掘特色，特别加强对产业扶贫的支持。政策性金融要重点在易地搬迁扶贫、教育扶贫和完善贫困地区基础设施等方面发挥积极作用，要注重"开发式"扶贫理念，做到扶贫与财务可持续性协调发展。

（三）实现普惠金融扶贫与财政扶贫的有效结合

我国精准扶贫所需要的资金主要来自财政扶贫资金、金融扶贫资金和社会扶贫资金这三个方面，金融扶贫资金是主体，财政扶贫资金是基础，社会扶贫资金是补充。我国政府财政投入力度要与精准扶贫相匹配。从精准扶贫的整体来看，财政扶贫是金融扶贫的基础，与精准扶贫相匹配的财政专项扶贫资金是金融机构有效发挥作用的前提。不容否定的是，我国传统财政扶贫模式为扶贫开发取得举世瞩目的伟大成就发挥了重大作用，但政府主导色彩浓厚，资金使用效率低下，短期效应明显而长期效应不足。我国新一轮精准扶贫更重要的任务是要从"解决温饱"转向"促进发展",不仅要在短期内解决贫困人口温饱问题,更要从长期来增强贫困人口自我发展能力。因此,精准扶贫不仅需要与之相匹配的财政扶贫资金投入,更需要的是金融扶贫这种"内生性"扶贫。普惠金融注重扶贫过程中市场作用机制的发挥和贫困人口内在脱贫意志的加强,对精准扶贫更具有长远意义,精准扶贫应该处理好普惠金融扶贫与财政扶贫的关系。财政扶贫应该主要为精准扶贫发挥基础性作用,改善贫困地区基础设施状况,加强教育、医疗等基本公共服务建设。政府要与银行、保险公司进行平等、互利合作,着实解决好对金融机构的风险补偿问题,以财政扶贫资金撬动和引导更多的金融资源进入贫困地区,为普惠金融服务精准扶贫创造良好的外部条件。但不能以行政思维强制银行、保险公司扶贫,要通过政策激励金融机构开展信贷、保险、担保和互联网金融扶贫创新。要注重发挥金融机构扶贫的内在积极性,扶贫积极性不仅要建立在金融机构基于政府号召和社会责任基础之上,更要让金融机构感受到通过业务和技术创新能够获得财务的可持续性。

四、创新普惠金融与精准扶贫协调路径的关键点

普惠金融与精准扶贫之间的理论逻辑一致性,决定了二者存在协调的可行性,但普惠金融与精准扶贫也有各自的思想侧重点,这决定了要实现有效协调还存在困难之处。实现普惠金融与精准扶贫的有效协调,需要认清协调过程中可能存在的问题,找准协调的关键点。

(一)思想认识与制度创新全面加强是基础

国际经验表明,通过深化普惠金融服务可以惠及部分贫困群体,精准扶贫离不开健全、高效的普惠金融体系。首先要在思想上正确认

识普惠金融与精准扶贫的关系，这是二者有效协调的基础。另外，完善普惠金融自身体系建设是提升普惠金融服务效果的重要前提。因此，要加强普惠金融发展规划，要将普惠金融与精准扶贫上升为一脉相承的思想纲领，作为指导普惠金融服务精准扶贫的总方针，加强宣传提升普惠金融在实现精准扶贫目标中的重要性，使社会各界认识到普惠金融发展是一个较长时期过程，在财务可持续性的前提下解决弱势群体的金融需求。"市场机制"培育是其中的重要内容，政府重在激励和引导，普惠金融服务是精准扶贫所需金融服务的主体但不是全部。在思想上要坚持普惠金融发展的独立性，不能因为精准扶贫"政治需要"而牺牲普惠金融本身的独立性。在实践中，要坚持《推进普惠金融发展规划（2016—2020年）》中的普惠金融基本原则，注重普惠金融机制建设，提供获取金融服务的平等机会，注重机构可持续发展，坚持金融创新与风险防范的统一，要在坚持原则和基本规律的基础上服务精准扶贫，避免"短视"行为，提高金融机构服务精准扶贫的内在积极性，不能为了满足政府意志而牺牲市场行为甚至以"政治"手段强迫金融机构扶贫。我国普惠金融发展已经取得了较大成就，但仍有一些关键性"短板"需要补上，要进一步加强新型农村金融组织制度创新，特别是村镇银行的主发起行制度、小额贷款公司的法律地位和资金来源等问题，在制度层面应该有"大突破"，把握合作金融的核心精髓，加大制度创新力度，发挥合作金融在实现精准扶贫中应有的力量。

（二）资金供给与需求能力同步提升是核心

普惠金融不能解决所有的贫困问题，也不能自动解决贫困问题，普惠金融与精准扶贫有效协调应该注重普惠金融供给与需求的有效协调。贫困产生的原因是多种多样的，有些是因病致贫，有些是由于家庭遭遇重大变故，有些是由于教育落后致贫，也有的是由于地处自然条件非常恶劣的生存环境而造成的贫困，并非所有这些原因造成的贫困人口都存在对金融服务的有效需求，金融扶贫并不适用于所有贫困人口，这些贫困人口的脱贫只能采取政府兜底办法。普惠金融主要是提高贫困人口的资金可获得性，但提高资金可获得性不一定能够实现贫困人口收入增长，关键在于能否实现金融机构资金供给能力与贫困人口资金需求能力的有效衔接。金融机构的资金供给能力决定金融机构能否为贫困人口提供高效、低成本和可持续金融服务，贫困人口的资金需求能力决定贫困人口能否真正将这些资金用到能实现收入增长的地方。因此，普惠金融与精准扶贫的有效协调需要保障资金供给与提高贫困人口资金需求能力同步提升。否则，单方面的资金供给再多，也只能造成资金浪费，甚至进一步造成贫困人口懒惰心理，反而不利于贫困人口金融能力的提升。因此，要开展抵押、担保替代机制创新，为贫困人口构建有效的增信平台，着力解决当前贫困人口抵押和担保难的问题，精准提升贫困人口承接资金供给的"造血"能力。将普惠金融与文化教育、基础设施、公共服务等方面充分结合起来，通过提高贫困人口自身素质，完善贫困地区发展生产的基础设施，提高贫困人口公共服务可获得性，间接提升贫困人口资金需求能力。贫困人口要改变"等、靠、要"的心理，加强脱贫的"自力更生"，绝不能"躺在墙角晒太阳"。

（三）政府作用与机构优势协同发力是保障

普惠金融发展是"途径"，服务精准扶贫是"目标"，但普惠金融是市场化机制运作的，精准扶贫在很大程度上属于政府行为，实现普惠金融与精准扶贫有效的协调必须处理好政府与市场之间的关系。这两者的关系处理不好，有可能会出现政府隐性强制金融机构开展扶贫，金融机构为了完成政府任务而被动扶贫，打击金融机构扶贫的内在积极性，不利于金融机构实现自身可持续发展与扶贫的有效协调，损害普惠金融发展的基础。贫困人口即使短期内脱贫，而后也容易出现返贫。因此，金融扶贫要在政策引导和激励下"水到渠成"地进行，市场化作用机制应该发挥有效作用。其次，普惠金融发展是综合性和系统性工程，需要动员各方力量。政府与市场协同发力要充分发挥微型金融、合作金融与其他金融扶贫模式各自的"比较优势"，以"比较优势"为准绳，加强金融机构之间的合作。政府犹如种植作物的农夫，作物的生长离不开农夫的精心培育，但应该尊重自然规律，切不可包办一切和"揠苗助长"。应该发挥"牵线搭桥"作用，鼓励发达地区和贫困地区以及不同金融机构的金融扶贫协作，实现不同地方和不同金融机构之间扶贫优势互补和扶贫资源充分利用。要实现不同扶贫模式在不同时期的有序推进，提升贫困人口脱贫意志，构建良好的社会环境和价值导向，传递普惠金融服务精准扶贫的"正能量"。

五、连片特困地区金融扶贫中的金融机构行为分析

（一）大型商业性金融机构扶贫：发挥资金优势

因信息不对称等多方面原因，商业银行等大型金融机构直接扶贫存在很多障碍，但具有资金充足、技术发达、管理到位等方面的优势。因此，大型金融机构可以采取间接扶贫模式，具体来说有以下三种模式值得推广。

1.大型商业性金融机构+龙头企业+贫困户的扶贫模式。

龙头企业是市场与贫困户的纽带，是国家进行产业扶贫的重要载体。大型商业性金融机构可以利用资金优势，给当地的龙头企业发放贷款。拥有资金来源的龙头企业再促进贫困户的发展，带动贫困户增收。龙头企业的发展不仅能带动相关产业的发展，而且能提供更多的就业岗位，对于贫困户的脱贫与农村的发展有着至关重要的作用。特

别是在我国连片特困地区培育和支持具有特色优势产业的龙头企业，对于增加农民家庭经营性收入具有重要意义。

2. 大型商业性金融机构+专业合作社+贫困户的扶贫模式。

大型商业性金融机构通过贷款给专业合作社来帮助贫困户，解决专业合作社的贷款难的问题，有利于专业合作社将同类农产品的生产经营者或相同的农业生产经营服务提供者有机联合到一起，解决贫困户的切身需求，提供农业生产资料的购买，农产品的加工、销售、运输等服务。

3. 大型商业性金融机构+微型金融机构+贫困户的扶贫模式。

由于大型商业性金融机构与贫困户之间信息不对称、交易成本高等原因，使得直接扶贫效果并不显著，而缺乏资金来源是微型金融机构难以快速发展的主要原因。因此通过大型商业性金融机构与微型金融机构的对接，使得微型金融机构充当大型金融机构的"脚"走到基层，走到每家每户，将资金零售放贷给真正需要支持的贫困户，这样的方式可解决微型金融机构贷款难的问题，也可减少大型商业性金融机构直接发放信贷过程中信息不对称问题。

（二）微型金融机构扶贫：发挥信贷机制优势

目前我国的微型金融机构主要有村镇银行、小额贷款公司以及NGO小额信贷机构，微型金融机构以服务"三农"及小微企业为主要目标，对于扶贫工作有着不可忽视的地位，它通过直接贷款的方式来填补大型金融机构扶贫的空白。微型金融机构的规模虽然不大，资金也没那么富足，但是往往具有独特的优势，它可以深入基层，有效缓解信息不对称，也可以减少交易成本。因此，为了更好地发挥微型金融机构在我国连片特困地区金融扶贫中的作用，除了通过与大型金融机构合作解决资金短缺问题以外，还应该大力发挥微型金融机构的信贷机制优势。

1.完善小组联保贷款模式优势。

小组联保模式属于担保创新，由社区居民自愿组成联保小组，通过互相承担担保连带责任的方式来解决无抵押物的状况。小组联保贷款的基本原则是："多户联保，总额控制，按期还款"，这样相互制约，相互管制，能够带动成员还款的积极性，也有利于后续贷款工作的有序进行。这种贷款模式的理念在于认为穷人是讲信用并且有能力的，甚至有时比富人更讲信用，因为他们手中的资源稀缺，因此更加珍惜来之不易的信贷机会。而且任何人都不想在熟人社会失去信誉，而"小组联保贷款"就很好地利用了这一点。

2.实施分期还本付息的信贷机制。

分期还本付息这种人性化方式可缓解贫困户的还贷压力，有利于贫困户资金的周转，符合贫困户对于流动资金的需求。客户及时还本付息是微型金融机构能够自负盈亏甚至稍有盈利的保障，也是一种监控客户的贷款资金流向，控制信用风险的途径，并且在资金紧张的情况下，能够通过不断回收资金来提高资金使用效率，以一种平等借贷的机制来促进贫困户和微型金融机构之间的和谐发展。

（三）合作性金融扶贫：发挥互助优势

我国农村信用社在名义上应该属于合作性金融组织，但农村信用社事实上已经偏离了合作金融的轨道，走上了不可逆转的商业化发展道路，使我国出现了事实上的合作金融组织残缺。众所周知，合作性金融在连片特困地区扶贫乃至全国经济发展过程中有着不可替代的作用。因此，迫切需要重构我国合作金融体系，发挥合作性金融在连片特困地区扶贫中的互助优势。当前我国存在农村资金互助社、农民资金互助社和贫困村互助资金三种具有合作性质的组织，它们虽然在发展过程中面临诸如管理人员素质不高、管理手段比较落后、资金周转速度较慢等问题，但拥有互助扶贫的基础，政府应该对它们进行有效引导，充分发挥熟人互助模式扶贫。由于合作性组织成员来自一个"熟人社会"，对于贷款人的信用和资金使用情况都比较清楚，可省去许多交易费用与交易时间。通过这种模式可以有效解决贫困户担保缺失的问题，贫困户不再以常规的担保品来贷款，而是通过贫困户之间长期维护的信任来担保。其次，能够适应农村贷款资金使用的特点，开展村庄内贷款。由于农业生产、农村市场以及农村生活的原因，贫困户对资金的需求额度小、频率高，在"熟人社会"更能满足这种基本特征，人与人之间也更容易产生同情心而互相帮助。

（四）政策性金融扶贫：发挥开发性金融优势

完善基础设施是连片特困地区经济发展的重要基础，但基础设施的完善需要大量的资金投入而且资金投资回收期很长，因此，政策性金融在连片特困地区金融扶贫过程中有不可忽视的作用。我国政策性金融机构从其诞生起就担任着填充财政直接支出和商业性融资之间的"中间角色"，但我国传统的政策性金融只是将财政资金简单信贷化，没有真正实施市场化运作，因而不能解决数以亿计的贫困人口的生活问题。当前，应该不断深化我国政策性金融改革。

（1）运用开发性金融理念，采取市场化资金运作方式，实施政策性资金的有偿使用，利用银行信贷"有借有还，到期归还"的经营机制来促进所支持项目的发展，提高政策性资金的使用效率。

（2）政策性金融机构一方面应该主动寻找市场，改变传统的"政府挖坑，金融种树"的被动模式，把支持基础设施领域的成功经验拓宽运用到连片特困地区新的资金需求领域，另一方面要寻求政策性金融机构自身新的利润增长点，实现"做大做强"，为连片特困地区扶贫贡献更大的力量。

（3）政策性金融机构在连片特困地区运用市场化的运营管理模式，为基础设施建设提供中长期资金。在金融扶贫过程中注重培育连

第五章 金融助力精准扶贫的模式研究

片特困地区的市场化作用机制，逐渐增强经济主体参与经济发展的内在动力，构筑连片特困地区政府力量与市场机制之间的有效沟通桥梁，将融资优势与政府组织优势有效融合，高效率地实现政策性资金在连片特困地区扶贫中的作用。

第三节 产业金融扶贫模式

该模式以区域性的优势产业为基础，通过着力发展一些具有较强覆盖面和带动能力的产业，有效推进地区精准扶贫。贫困地区的产业以农牧业为主，现代的工业体系发展较为薄弱，主要是以中草药、蔬菜、果树、乡村旅游等为主的具有农业特色的一些优势产业。在产业扶贫的对象选择上，不是所有的贫困户都能利用产业优势扶贫，应该选择那些具有地方特色的企业和农业生产核心产业链的企业为主要帮扶对象，毕竟这些企业的基础设施相对完善，在产业扶贫上前期投入相对较少。可以利用这些优势产业既有的产业基础，通过财政资金和金融扶贫手段进一步扩大这些产业的发展，进而带动当地经济的发展和贫困户的就业，增加贫困人口的收入。之所以要发展以产业为中心的精准扶贫模式，主要是因为无论是以政府还是金融机构为主导的扶贫模式都不能长期充分调动贫困人口的扶贫开发的积极性和主动性，如果一直都是由政府或是金融机构作为扶贫工作开展的主动方，那么政府或是金融机构一旦撤资或是退出扶贫项目，贫困户就很可能降低脱贫的积极性，造成扶贫效果不明显，返贫的情形多发，贫困地区扶贫事业的长期性和可持续性就无法保证，财政资金和金融扶贫资金在精准扶贫项目中发挥的作用就会降低，扶贫就成为一种形式化的程序。可以看出，产业扶贫模式的提出，一个重要的原因就在于扶贫动力的来源问题，前面提到政府和金融机构主导的扶贫模式对脱贫积极性的引导效果不是很好，毕竟在有人带领的情形之下，主动性的发挥就会自动地被抑制。而产业扶贫模式的引入能够有效地解决扶贫的动力和导向问题，既解决了扶贫的效率问题，又为扶贫提供了更多的优势项目，尤其是在金融扶贫和产业扶贫的结合下，能够积极地引导金融资源投向具有竞争力的优势产业上，利用市场的优势促进资源的合理有效配置，充分发挥市场的优势，促使金融资源朝着最优的产业集聚。产业金融扶贫主要是通过改变贫困地区产业发展的方式，从点向面地扩展，形成一种立体式的发展模式，促进产业金融的全面发展，增强扶贫工作的"造血"能力，降低返贫情况发生的概率。产业金融扶贫的具体操作模式主要有四种：第一种，针对优势产业的龙头企业发放贷款，进一步地拓展优势企业的发展规模，为产业金融扶贫打下坚实的实体经济基础，带动周边的贫困户通过就业的方式实现脱贫，既能够扩大优势产业的规模，促进当地经济的发展，又能实现精准脱贫的目标，为扶贫攻坚带来更多的途径。第二种，以龙头产业为主体，以产业链中的贫困户为主要帮扶对象，通过金融扶贫的方式，为这些产业链中的贫困户集中提供有效的信用贷款，增强产业资金的充足性。第三种，政府主导，龙头企业提供担保，由金融机构为产业链中的贫困户提供一定的担保贷款，确保贫困户或是产业链中的供应商能够从金融机构获得有效的贷款支持，进一步扩大原料供应的规模，促进扶贫工作的可持续性，提高贫困户脱贫的有效性。第四种，在政府部门和金融机构的合作之下，为当地的优势产业提供信贷支持，加快优势产业的进一步发展，为扶贫事业提供更多的产业基础支持，以推动金融扶贫工作的可持续性发展。

1. 传统产业扶贫主体：政府、企业、村两委职能转变。

精准扶贫思想提出以后，案例区政府开始转变扶贫思路，将精准扶贫思想融入到产业扶贫当中。例如，遂川县政府制定了《遂川县产业扶贫实施意见(2016—2020年)》，明确提出要在尊重贫困户自身意愿的情况下，优先发展当地六大传统富民产业（茶叶、金桔、井冈蜜柚等）项目，根据产业规划积极安排专项资金。在产业扶贫奖补资金上，遂川县每年投入达400万元；在扶贫产业贷款上，制订了《遂川县扶贫产业贷款工作方案》，在全县10个试点贫困村中，每村安排20万元风险补偿金，并力争撬动银行贷款规模168万元，专项用于贫困户产业贷款，贷款利率按照银行基准利率执行，其中贫困户社员还可享受年利 4%的扶贫贴息；在金融产业扶贫资金方面，近两年，对 450 家新型经营主体发放"财政惠农信贷通"贷款近 2 亿元。此外积极做好监管，对于贫困人口方面，镇村干部对贫困人口申请的产业项目进行监管，规定只有达到一定的存活率才能获得下一批产业扶持资金；对于扶贫企业和合作社方面，监督企业和合作社是否履行了与贫困户签订的合同内容，只有履行了合同才能在政策上予以倾斜，确保企业真正带动贫困户参与。

2.产业精准扶贫的主体引入：扶贫工作队和第一书记、贫困户参与。

王某在 2015 年 3 月受市里委派担任了兴国县枫林村第一书记，自上任以来，她积极走访贫困户，了解该村贫困户致贫的主要原因，利用原有单位优势，引入外地企业在该村建设食用菌产业基地。在基地建设过程中，她积极争取市里"菜篮子"项目资金，协助土地流转并协助贫困户与企业建立利益联结机制，研究贫困户以土地、资本（来源于政府产业贷款）入股和分红的细节，优先贫困户务工或加盟，促进企业按保护价收购等。通过宣传产业扶贫政策、落实产业补贴、申请产业贷款等，该村贫困户根据自身情况或是土地入股、基地务工，或是加盟发展产业，提高了他们的主动性和积极性，也实现了增收。

扶贫工作队和第一书记是在中央创新帮扶机制的情况下产生的，他们作为政府主体的延伸，通过实地入户工作，在了解贫困户实际需要、宣传政策等方面具有明显优势，同时又能利用原有单位的资源争取产业项目和资金，并且将贫困户与企业或者产业项目精准对接。贫困人口是产业精准扶贫的对象，产业精准扶贫的目的就是实现贫困人口的增收脱贫。只有充分吸纳贫困户参与，让他们以土地入股、独立发展或是在企业务工等形式积极主动参与其中，发挥他们的主体性作用，产业扶贫才能真正发挥作用。

第五章 金融助力精准扶贫的模式研究

3.企业参与产业精准扶贫，在逐利的同时扛起社会责任。

企业是产业精准扶贫的重要环节，尽管企业参与产业扶贫最主要的目的就是实现盈利，但在实现盈利的同时也兼顾了社会责任。产业精准扶贫关键是要解决贫困人口发展产业的市场、资金、技术问题，以此来获得持续稳定的增收，实现脱贫致富。企业利用地方特色资源和其具备的运行平台、市场、技术等方面的优势经营产业，既能对接政府产业发展规划，又能将贫困人口与市场联系起来。通过合同或订单形式在贫困农户发展产业过程中采取统一培训、统一技术指导、统一收购的形式，并确定最低收购价和各方分红比例，切实解决贫困人口发展产业遇到的市场、资金、技术等方面的问题，完善利益联结机制。企业一方面肩负着社会责任和义务，通过承担扶贫社会责任提升企业形象，树立企业品牌，间接性地提高企业利润；另一方面，企业通过参与扶贫项目扩大了市场和经营范围，能获得政府各种优惠政策的支持，有利于实现盈利目标。作为市场组织，企业的参与促进了资源配置效率的提高，较好地弥补了政府扶贫的缺陷。

本章参考文献

[1]. 丁锐.科技助力精准扶贫——山西在行动[J].山西农经,2017(14):153.

[2]. 庄序莹,鄢璐.四川省全面部署科技助力精准扶贫工程[J].科协论坛,2017(5):62.

[3] 王君.创新金融科技 助力精准扶贫——2018年全国博士后金融论坛侧记[J].银行家,2018(12):47-49.

[4] 周正祥,任春玲.让金融科技助力精准扶贫[J].中国金融家,2018(11):141.

[5] 朱俊.贫困地区农户融资需求与融资能力[J].南方金融,2016(7):22-26.

[6] 余佶.政策性金融扶贫的引领作用[J].中国金融,2016(4):18-23.

[7] 宁爱照,杜晓山.新时期中国金融扶贫[J].中国金融,2013(16):55-60.

[8] 王继晖,韩涌泉.信用贷款担保基金扶贫模式[J].中国金融,2015(3):12.

[9] 欧阳郴国,李佳花,舒晓惠,等.怀化市扶贫开发中的金融支持研究——以靖州苗族侗族自治县为例[J].金融经济,2015(9):33-36.

[10] 周孟亮,彭雅婷.我国连片特困地区金融扶贫体系构建研究[J].当代经济管理,2015(4):16-19.

[11] 鄢红兵.创新"金融＋" 实施精准扶贫——当前我国金融扶贫的难点及对策[J].武汉金融,2015(9):22-26.

第六章 金融助力精准扶贫现实案例分析

第一节 河北省望都县经济发展和金融扶贫概况

一、经济发展概况

"十二五"期间,望都县主要经济指标大幅增长,生产总值由"十一五"末的 36.1 亿元增长到 54 亿元,财政收入年均增长 13%,公共财政预算收入年均增长 17.8%,全县固定资产投资年均增长 18.9%,新增规模以上工业企业 26 家,为经济快速发展提供了重要支撑。

"十二五"期间,望都县城镇居民可支配收入从 15173 元增长到 21490 元,农村居民人均可支配收入从 5779 元增长到 10114 元,五年间收入逐年上升,而同比增速逐年下降。虽然望都县综合实力不断提升,社会民生持续改善,人民幸福指数提高,但是望都县依然是燕山—太行山集中连片特困地区国家级扶贫开发重点县。在其经济发展过程中，仍存在许多制约因素，主要表现为以下几点：

第一，发展落后，小农意识强。望都县虽然地理位置优越、交通便利，但是人均 GDP 和人均收入等都处于河北省下游。望都县是一个传统的农业县，有很好的农业基础，但缺少农业产业龙头企业，大企业少，小微企业实力不强，观念不新，小农意识强，急需转变思想，走一条转型发展道路。

第二，缺乏高素质人才。首先，农村信息闭塞，群众受教育程度低，再加上缺乏就业培训，当地群众对新事物、新技术的接受能力较差。其次，农村贫困地区生存环境恶劣，条件艰苦，很难吸引并留住优秀人才，制约了农村建设和农业发展，加大了望都县脱贫致富的难度。

二、金融扶贫概况

（一）金融扶贫政策支持

京津冀协同发展为望都县承接产业转移提供了机遇，政府应大力引进高端新兴产业，做好原有产业升级，将跨越发展的发力点放在发挥环京津优势上，实施对接京津战略，举全县之力，强势对接，全民招商，全力助推望都县脱贫。"十三五"时期是全面建成小康社会的时间节点，党的十八大要求科学谋划"十三五"时期扶贫开发工作，在未来五年时间实现第一个百年目标，确保贫困人口到 2020 年如期脱贫，这为望都县特色扶贫产业发展提供了有力的政策支持。

（二）金融扶贫现状

"十二五"期间，望都县扶贫攻坚扎实推进，累计争取扶贫资金 9369 万元，先把扶贫资金划给当地龙头企业，再将资金作为贫困户的股金，企业与贫困户之间签订入股合同。龙头企业采用定期向贫困户分红的方式，一方面保障扶贫资金安全，另一方面拉动企业发展，同时还把贫困户的日常生活消费转变为生产投入，保障贫困户每年都有稳定的收入来源，实现 2.16 万贫困户、7.31 万贫困人口逐步脱贫。望都县现有 9 家农产品加工企业、11 家扶贫龙头企业、500 余家农民专业合作社、5 万余亩各种原材料基地，有效帮助贫困户抵御了市场风险。龙头企业带动贫困户脱贫致富，主要有三种模式："龙头企业＋基地＋农户"模式、"龙头企业＋合作社＋基地＋农户"模式和"龙头企业自营基地＋农户"模式。

望都县金融扶贫在产业方面也取得了一定成效。首先，在金融支持农业发展方面，望都县农业产业形成了一定特色和规模，其中，"四种两养"，即食用菌、莲藕、辣椒、蔬菜种植和猪羊养殖，为金融扶贫重点扶持产业。食用菌在当地已有 30 年的种植历史，种植面积 3000 多亩，总产值达 3 万吨。近几年莲藕种植产业得到重点扶持，规模在逐渐扩大。望都县已有 400 多年的辣椒种植史，被称为"辣椒之都"，望都辣椒色泽纯正、肉质厚，辣素、香素含量高，在海内外久负盛名。目前全县有 120 多家辣椒加工企业，70 多个品种。全县蔬菜全年种植面积 12.3 万亩，其中设施蔬菜 4.2 万亩，蔬菜年总产量达 65 万多吨，产值 8 亿元。另外，在金融扶持工业发展方面，望都县工业产业也实现了快速发展。目前，望都县的水泥、曲轴、棉纱、农业机械等主要产品共有 40 多类 500 多个品种，其中 30 多种产品已跻身于国际市场，14 种产品荣获省优、部优称号。

（三）金融扶贫面临的主要问题

1. 缺乏针对优势产业的金融扶贫模式。

望都县农业和工业有其自身的规模和特色，极具产业优势，许多农产品和工业产品都已跻身于国际市场。望都县谋划确定了"四种两养"重点扶持产业，即食用菌、莲藕、辣椒、蔬菜种植及猪羊养殖，但到目前为止并未探索到适合这些优势产业发展的金融扶贫模式。如何创新望都县优势产业发展金融扶贫模式，扩大望都县优势产业发展规模，带动贫困人口脱贫致富，仍是目前望都县金融扶贫面临的主要问题。

2. 缺乏金融扶贫先进经验借鉴。

贫困地区在致贫因素、贫困状况、产业特征等许多方面都有相似之处。贫困地区缺乏资本及专业人才，贫困村大多有种植、养殖两大农业特色，这些相似之处为我们学习借鉴其他地区金融扶贫模式提供了可能。目前省内外有许多试点县已创新出适合本地发展的金融扶贫模式，且有些模式可在望都县大力推广。但到目前为止，望都县并没有合理运用这些成功的金融扶贫模式，表明其缺乏借鉴金融扶贫先进经验的意识。

3. 缺乏与电商、物流的有效对接。

在"互联网+"时代背景下，互联网越来越成为居民日常生活的重要部分，金融扶贫与电商、物流的有效对接已经成为大势所趋。农村电子商务是金融扶贫的重要途径，借助互联网卖出农产品，实现农产品线上线下销售融合发展，支持贫困县发展，是实现脱贫的务实选择。商贸物流是发展电商的关键，只有通过物流把卖出去的农产品运输出去，实现农产品商品化，才能帮助贫困县脱贫致富。然而望都县电子商务和物流并没有完全覆盖所有贫困区，金融扶贫缺乏与电商、物流的有效对接，阻碍了望都县金融扶贫的进一步发展。

4. 金融机构的资金供给不足。

首先，金融机构追求高利润、低风险，这与贫困人口抵御风险能力差、创造利润低的特征完全相反，因此金融机构对其信贷设置了相对较高的门槛；其次，目前政府对涉农金融机构缺乏优惠政策，金融机构没有足够的动力去提高对贫困人口的贷款额度；最后，即使存在优惠政策，由于贫困县财力紧张，金融机构也得不到地方配套财政政策支持，使得其放贷积极性和创新农村金融产品动力更低。

5.部分扶贫工作人员积极性欠缺。

驻村帮扶制度在扶贫工作中起到了非常重要的作用，但在开展帮扶工作过程中，扶贫工作队的积极性欠缺是亟待解决的一个问题。首先，驻村人员大都是被指定而不是自愿的，且对帮扶村不了解，在帮扶工作中缺乏积极性和主动性，缺乏工作技能和经验，不知道帮什么、怎么帮，具体工作无从下手。其次，扶贫工作队的成员很多是政府机关人员，一身二任，身在村庄心在机关，不能把精力完全放在扶贫上。

第二节 创新望都县金融扶贫模式

由于各个地区贫困成因、贫困特征和贫困对象的特点不同，决定了在实施扶贫项目中，要根据贫困地区的特点，因地制宜制定扶贫模式。本节以望都县特色优势产业为依托，以"四种两养"为金融扶持重点，创新出适合望都县发展的金融扶贫模式，并将其进行推广应用。

一、"企业+金融机构+担保+合作社+园区+贫困户"模式

（一）模式介绍

"企业+金融机构+担保+合作社+园区+贫困户"模式是由园区开发企业牵头园区产业项目，吸引企业入驻园区，入驻企业各出一定比例资金，成立互助担保协会，反过来为入驻企业提供担保，获得金融机构对企业的低成本融资；同时，专业合作社提供免费技术培训与指导，技术人员负责上门为农户提供种植建议并进行种植和加工技术指导，集中多个村的贫困户到园区从事生产经营，使贫困户可以获得劳务收入和一定比例保底分红收入。通过积极引进培育企业、专业合作社到园区创业，与贫困农户形成利益联结机制，着力构建扶贫格局，创新"市场化运作、商品化生产、企业化管理"的园区运作机制，规模经营，提高生产效率。

围绕"特色农业、绿色产品、服务农村、富裕农民"的总体目标，大力发展特色优势产业，培育新型经营主体，精准到户引领脱贫，使农业发展建立在充分发挥自身优势的基础之上。依据望都县谋划确定的"四种两养"的产业扶持重点，创新"企业+金融机构+担保+合作社

+园区+贫困户"模式,将该模式应用到食用菌、莲藕、辣椒、蔬菜种植上,引导贫困群众靠自己的勤劳和智慧建设美好家园,尽快实现增收脱贫目标。

(二)模式应用

1. 食用菌产业

望都县食用菌产业已有 30 年的种植历史,主要分布在固店镇和黑堡乡。种植面积 3000 多亩,总产量达 3 万吨,主要种植品种有平菇飞木耳、香菇、杏鲍菇等,能够实现周年生产。食用菌产业可构建"企业+金融机构+担保+合作社+园区+贫困户"的扶贫模式,具体运作是:以七里铺、于合营、东黑堡、西黑堡、西阳邱等 5 个蘑菇种植基地为农业产业化龙头企业,基地成立互助担保协会,吸引金融机构为其提供贷款,牵头食用菌种植项目,建设食用菌种植大棚形成产业园区,与贫困户签订种植协议,吸收多个村的贫困户到园区从事生产经营工作,为贫困户增收创造机会。

2. 莲藕产业

2015 年全县种植面积达到百亩以上,形成一定的品牌,浅水莲藕种植是一个一次投资、多年受益的项目,用工少、易管理。望都县可重点扶持莲藕种植产业,以小辛庄、八里庄、北张庄、姜庄 4 个村莲藕基地为龙头,力争打造赵庄乡万亩浅水莲藕产业园区,广泛促进周边贫困户产业脱贫。以莲藕产业园区为引导建立合作社,以河北农业大学、保定日光温室蔬菜综合试验推广站为技术依托,引进莲藕新品种种植,成立浅水藕研究所、组织培养室、莲藕加工厂,努力打造浅水藕种植这一大特色产业。在莲藕销售方面可与北京海底捞等大型餐饮企业签订供货协议,同时与中国邮政等物流企业开展电商莲藕销售业务,解决潜在销售难问题。

3. 做大做强望都县特色产业

围绕望都县的"四种两养"特色产业,以望都县龙头企业为依托,以政府扶持为支撑,以高新技术为着力点,培育一批产业链完善、辐射带动力强、经营实力强的龙头企业,打造望都特色农产品品牌,做大做强做优望都县特色农畜产品精深加工业,延长产业链。以望都县辣椒产业为例,望都辣椒已有 500 年种植史,驰名中外。望都辣椒产业链向上延伸以崔庄、东白陀、宰庄、黄家村、孔士屯、侯陀等 6 个村辣椒基地为龙头,调整种植结构,由农户负责扩大种植,形成规模效应,降低农户的风险,同时公司也能获得较好的效益,达到双赢目的。公司对辣椒进行深加工,应用高新技术开发新产品,由之前的粗加工向精深加工转变,根据不同国家或地区的市场调研情况、饮食习惯和经济承受能力等,按照多渠道、多技术层次加工处理方法形成不同风味、不同包装、不同档次的辣椒产品,满足不同消费者的需求。同时,向下游延伸拉动商贸物流等服务业,促进望都辣椒产业集聚和县域繁荣发展,为望都县整体脱贫奠定坚实的产业基础。

二、大力推广"五位一体"模式

(一)模式介绍

"五位一体"金融扶贫模式,即依托产业化龙头企业,采用"政府+企业+银行+保险+农户"模式,让建档立卡的贫困户贷款入股获得分红,具有特色及很强的可操作性,该模式具有放大财政扶贫资金的杠杆撬动作用,一方面可促进当地企业做大做强,另一方面也可增强金融机构对信贷资金风险的可控性,为解决贫困人口脱贫难题提供了思路,最终实现多方共赢的金融扶贫新局面。

(二)模式应用

以望都县黑堡镇优势养殖业为扶持对象,重点确立"两养"即肉

第六章 金融助力精准扶贫现实案例分析

羊和生猪扶贫产业。一是建议县政府在标准化健康养殖项目和金融支持畜牧业贷款贴息资金等方面给予重点支持。二是鼓励金融机构为养殖贫困户量身定做推出贷款产品。三是引导保险机构对望都县贫困户的肉羊和生猪实行全额保险，把贫困农户的养羊风险降到最低，增加金融机构为其提供贷款的信心，消除贫困户养殖的后顾之忧。四是设立养殖服务专业合作社，为养殖贫困户提供技术指导。构建由政府、金融机构、保险机构及专业合作社合力为贫困户脱贫提供全方位服务的体系，助推望都县肉羊和生猪养殖产业规模发展。

1. 借鉴建立资金池

望都县政府投入一定比例资金建立农业政策性担保服务中心，充分发挥财政资金的杠杆作用，有机结合社会资本和金融资本，吸引各主体投入建立资金池，撬动银行以担保资金池10倍比例发放金融扶贫贷款，同时对贷款贷前审查、贷中监督及贷后的追偿严格把关，借鉴隆化县针对三个关口的把控措施，大幅度减少银行风险，让银行放心贷，农户贷得到。

2. 大力发展多层次资本市场

证监会系统和资本市场主体合力服务贫困地区，支持贫困地区企业利用多层次资本市场融资，拓宽多元化融资渠道，支持和鼓励上市公司、证券基金期货经营机构助贫困地区脱贫致富。一是企业在贫困地区注册或生产经营且符合一定条件，申请首次公开发行股票并上市时，享有即报即审、审过即发的便利，且享受减免挂牌初费的优惠。二是优先审核贫困地区上市公司并购重组项目，支持上市公司对贫困地区的企业开展并购重组，鼓励上市公司支持贫困地区的产业发展。三是积极参与扶贫的私募基金管理机构，在相关产品备案时，开通登记备案绿色通道。

3. 农业保险全覆盖

望都县是农业大县，农畜产品受自然环境、动物流行病及市场价格波动影响较大，实现农业保险全覆盖，可解决农民的后顾之忧，有效降低农业的风险，防止农民因灾致贫、因灾返贫。一是根据望都县种植业和养殖业的风险保障实际情况，创新保险品种，同时借鉴适合望都县发展的省内成功保险品种，如商业性种养殖自然灾害损失保险、成本损失保险等，实现保险品种全覆盖。二是以村或合作社为单位进行参保，扩大参保对象，在农户数量上实现保险全覆盖。三是实行保费优惠、以惠促保措施，对不同产业保费补贴比例不同，促进产业结构调整，优先考虑对参保农户资金扶持、农技指导和培训，遭受自然灾害也优先安排农业救灾资金给参保农户。

三、"金融+电商+物流"模式

（一）模式介绍

"金融+电商+物流"模式是指金融与电商平台融合，商流物流有效对接，特色产品走向市场。结合电子商务扶贫项目建设，商业银行与望都县、村电子商务平台、物流配送平台紧密对接，金融流、信息流、商流、物流有机结合，广大农户、中小微企业在银行电商平台上"进得来、卖得出、转得好"，使特色产品得以销售，生态价值得以显现，农民收入得以增加。

（二）模式应用

"四种两养"产业扶持重点，在最终销售环节需依托电商实现贫困户增收。一是望都县有很好的区位交通优势，京广铁路、京深高速公路、107 国道纵贯该县，地处京津冀经济开发圈正中央，距离石家庄机场、首都机场、天津港口、黄骅港口分别为 90、200、185、120千米，可充分将望都县的交通优势转化为物流优势，构建海铁、铁水、公铁、陆空多式联运设施建设。改善望都县物流设施建设，健全物流

第六章 金融助力精准扶贫现实案例分析

网络体系，整合利用望都县现有的邮政、供销等物流资源，推动望都县仓储配送中心、农村物流快递公共取送点建设，加快形成网络规模效应。同时，进一步落实支持望都县物流业发展的用地和相关税收等优惠政策，吸引物流企业下乡，做大做强当地物流业，带动望都县解决物流"最后一公里"难题。二是望都县特色优势产业可以借助农村信用合作社营业网点遍布城乡，在望都农业信用合作社各个乡村代办点中设立电商乡村服务点，并捆绑物流企业下乡，改变贫困村购物环境，真正实现电商进村。三是引入成熟"银联支付平台"与电子商务平台有效对接，同时利用电子商务平台自身优势，开发针对望都县特色农副产品的信贷产品，助力望都县特色优势产业发展，最终实现全面脱贫目标。

第三节 支持望都县金融扶贫模式成功运作的政策建议

本节根据望都县金融扶贫具体情况，提出保障望都县金融扶贫模式成功应用的政策措施，以尽快实现望都县增收脱贫目标。

一、进村入户，精准识别，明确"帮扶谁"

（一）理清工作思路、科学制订金融扶贫规划

在掌握望都县乡村整体情况、深入了解扶贫现状的基础上，充分认识现阶段扶贫开发工作的重要性。紧紧围绕拓宽望都县贫困群众基本增收门路、提高其基本生产生活条件和基本素质三个基本问题，科学制订望都县金融扶贫规划，以便在今后的工作中做到心中有数。

（二）精准识别

掌握实际情况，深入走访望都县各贫困村，掌握贫困村、贫困户实际情况并形成进村入户调查报告。精准识别，摸清贫困户底数，进行逐一走访、座谈交流、现场察看，看住房条件、粮食产量及家中有无劳动力和学生，以确保扶贫对象是否真正贫困，帮扶真贫。

（三）完成建档立卡工作

以农户的收入为基本依据，综合考虑各种其他因素，确定贫困程度，完成建档立卡工作，对扶贫档案规范化管理，保证档案内容真实，并建立贫困户的信息网络系统，实行动态管理，实时更新数据，保证扶贫信息真实，数据准确，随时可查，随时追踪，实现扶贫对象有进有出。

二、明确思路，精准施策，落实"帮什么"

（一）启动精准到人的"助学计划"

一是扶贫先扶智，大力支持望都县教育事业。为兴办学校、改善办学条件提供信贷支持，资助贫困学生，确保每个学生不因贫困而失学、辍学。二是大力开展技术培训。聘请专业技术人员，对农民在种植养殖方面进行专业技术培训，培育新型农民，争取每户有一个农业科技专业人才，提高贫困农民稳定增收能力。

（二）制订精准到户的"摘帽计划"

针对望都县各贫困户不同致贫原因，要对症下药、分门别类制订解决方案。有的贫困户缺少生产技术，为此，要加大知识宣传力度，开展送知识下乡活动，帮助贫困地区群众提高文化水平，安排农业专门技术人员进行指导，确保贫困户全部摘帽脱贫。有的贫困户苦于没有担保资产，为此，要创新金融产品解决其资金问题。有的贫困户发愁农产品销路，为此，要积极推进电商、物流下乡，保证农产品卖得出。

（三）实施精准到户的"产业计划"

在认真分析望都县各贫困村情况、了解民意的基础上，发挥比较优势，加大信贷投放，大力发展本县特色产业。积极培育脱贫带头人和龙头企业发展，在龙头企业的带领下把地区特色产业做好做大做强，形成规模效应，实现"造血"式产业扶贫。

三、发挥优势，汇聚力量，探索"怎么帮"

（一）完善基础设施建设

一是望都县基础设施薄弱，龙头企业无法落地，因此要加大望都县基础设施建设，提高公共服务能力，为增强贫困人口自我发展能力做实保障。二是把金融环境建设和诚信体系建设作为金融扶贫工作的重要基础。在金融环境建设方面，一方面要建立望都县金融服务中心。金融服务中心按功能配套社会信用信息服务中心、民间融资登记服务中心、中小微企业融资推介中心、金融消费者权益保障中心、产业金融对接中心、金融交流活动中心等六个公共服务平台，向社会大众提供无偿性、一站式、全方位、全天候的金融公共服务。另一方面要形成一个良好的信用环境。充分发挥县乡政府和金融机构双方的力量，在望都县各村广泛开展群众宣传教育，引导群众树立诚信观念，培育信用文化，形成一个良好的信用环境。在诚信体系建设方面，以望都县电商总平台积累全县企业和居民的商业信用，以望都县金融合作平台积累全县企业和居民的金融信用，依据商业信用和金融信用构建信用评价系统，金融机构依据信用等级决定授信额度、贷款利率、贷款期限或贷款期限延长期，从而加快信用户、信用村、信用企业的创建工作。

（二）整合金融扶贫资源

在传统财政资金贷款贴息扶贫的基础上，合理利用产业扶贫基金、风险补偿基金等新型金融扶贫形式，以政府财政资金引导社会资本流向，建立并完善社会资本融入机制，大力发展多层次资本市场，拓宽多元化融资渠道。整合金融扶贫资源，加大资金投入，发挥政府在信用管理方面的独特优势，在扶贫地区构建信用体系，提高金融扶贫模式运作效率。

（三）发挥雄安新区辐射作用

充分发挥雄安新区辐射作用，全力带动望都县更好地融入京津冀协同发展。以战略性新兴产业为发力点，以科技创新为支撑，使望都县战略性新兴产业"无中生有"，提升区域经济的核心竞争力，促进望都县加快发展，全面建成小康社会。

（四）发挥各金融扶贫参与单位的协同作用

充分发挥社会帮扶优势，组织机关定点帮扶，创新机制，管好用好捐赠、对口帮扶和定点帮扶各类金融扶贫资金，统一向实施整村推进的贫困村投放。加强金融扶贫各主体之间的沟通，更好地发挥协同作用，确保金融扶贫过程中环环相扣，降低风险。

（五）激发扶贫工作队的积极性

一是加强对扶贫工作队的教育培训。组织扶贫队观看电教片，邀请优秀干部举办系列讲座，让扶贫工作队全面了解涉农政策、基层工作情况和特点，掌握工作技巧；二是落实对扶贫队的保障措施。提高扶贫队的工资和福利待遇，适当提供伙食和交通补助，年终对工作队员进行考核，对优秀工作队员发放年终奖并提拔任用，不断激发扶贫工作队的积极性。

本章参考文献

[1] 刘尔思. 论建立和完善农村政策性金融扶贫资金的退出机制——创新扶贫方式的思考[J]. 学术探索, 2000 (4): 38-39.

[2] 李周清. 我国产业化扶贫任重而道远[J]. 老区建设, 2006 (5): 8-9.

[3] 郭威. 农村金融扶贫的经验、困境与对策——以广西富川县为例[J]. 理论探索, 2013 (5): 98-102.

[4] 杨阿麟. 适应经济发展新常态做好支农支牧大文章[J]. 北方金融, 2015 (1): 16-17.

[5] 朱玲. 制度安排在扶贫计划实施中的作用——云南少数民族地区扶贫攻坚战考察[J]. 经济研究, 1996 (4): 49-55.

[6] 黄承伟, 陆汉文. 微型金融与农村扶贫开发——中国农村微型金融扶贫模式培训与研讨会综述[J]. 中国农村经济, 2009 (9): 93-96.

[7] 陆磊. 金融扶贫的发展理念、政策措施及展望[J]. 武汉金融, 2016 (7): 4-6.

[8] 肖菲. 农户金融排斥影响因素的理论分析[J]. 经济研究导刊, 2013 (34): 117-118.

[9] 谭燕芝, 李维扬. 中国农村金融排斥困境的成因与破解路径[J]. 系统工程, 2016 (5): 15-22.

[10] 武桂馥. 诺克斯"贫穷恶性循环"理论述评[J]. 世界经济, 1985 (6): 69-74.

[11] 唐莎, 刘强. 基于贫困恶性循环理论的精准扶贫对策与思考——以四川省九寨沟县为例[J]. 农学学报, 2016 (12): 56-59.

[12] 经济学知识. 大推进理论和不平衡发展理论[J]. 发展研究, 1994 (4): 47-48.

[13] 陈卫红, 朱愿. 今日望都县, 满满正能量[N]. 河北日报, 2016-11-24.

[14] 陈卫红, 耿占军, 张斌, 等. 望都: 对接京津协作发展, 敞开胸怀追求共赢[N]. 河北经济日报, 2014-11-10.

[15] 唐沙砂. 产业扶贫: 河北脱贫攻坚主攻方向[N]. 河北经济时报, 2016-12-20.

[16] 黄彦青. 我国农村金融扶贫体系构建[J]. 北方经贸, 2013(2): 35-36.

[17] 高满良. 精准扶贫背景下驻村扶贫工作队的建设路径研究[J]. 农村经济与科技, 2016(12): 213-214.

[18] 梁山, 刘士铭, 胡建. 燕山—太行山特困片区的贫困现状及对策——以河北省阜平县为例[J]. 北京农业. 2014(30): 292-293.

[19] 冯文丽, 王芳, 等. 河北阜平农险全覆盖助推金融扶贫[N]. 中国保险报, 2016-2-4.

[20] 冯文丽, 王芳, 王学刚, 等. 金融扶贫阜平模式[J]. 中国金融, 2016(9): 68-69.

[21] 杜文峰, 王昆. 河北阜平: 发力金融扶贫[J]. 金融世界, 2015(9): 114-115.

[22] 杨志国. 阜平县特色产业精准扶贫经验[J]. 现代农村科技, 2016(2): 6-7.

[23] 王芳. 承德隆化: 创新金融模式, 打破脱贫钱途[J]. 经济, 2016(11): 88-89.

[24] 丁海东. 隆化县四大扶贫工程聚合力拔穷根[N]. 承德日报, 2016-6-3.

[25] 赵国华. 威县特色产业扶贫[N]. 邢台日报, 2014-7-1.

[26] 李开. 扶贫资金变资产, 入股分红稳增收[N]. 邢台日报, 2016-6-14.

[27] 黄王渊. 望都探索"农村电商+农村金融"精准扶贫模式[N]. 河北经济日报, 2015-10-22.

[28] 王梦冉, 徐琦, 王晓. 河北省金融扶贫模式问题与对策——以河北省望都县为例[J]. 合作经济与科技, 2014(19): 63-64.

[29] 田莹莹，王宁. 河北省金融扶贫模式研究[J]. 合作经济与科技，2014（19）：60-62.

[30] 金丽，张丽明. 河北省农村金融扶贫的问题及对策[J]. 经济论坛，2013（10）:13-14.

[31] 韦彩霞，田莹莹. 河北省金融扶贫现状、问题及金融扶贫精准度评价指标体系的构建[J]. 河北企业，2016（5）：63-64.

第七章 金融助力精准扶贫待解决的问题和改进建议

第一节 金融扶贫的落实难题

一、现行建档立卡工作未能有效地解决精准识别贫困的问题

我国自从 2014 年初实施建档立卡的贫困信息登记制度之后,第一次识别出 8962 万的贫困人口,全部被登记在册,有 800 多个贫困县、12 万个贫困村的信息都被录入到了档案信息当中,这些贫困信息成为日后精准扶贫实施的数据基础,为扶贫对象的确定提供了直接的依据。可是这个系统并不具备数据的分析功能,只能进行信息的登记和记录,不能对数据信息进行大数据分析。类似一个对贫困户信息进行登记的档案,只能通过登记录入的形式对贫困户信息进行监控,不能动态记录信息,对扶贫措施的有效性和贫困户的脱贫情况不能进行动态的监视,只能进行统计和查询;不能够使用数据的分析功能,还没有体现大数据扶贫的精准性特征。学者刘永富在 2017 年的研究报告中指出,

金融科技助力精准扶贫问题研究

2015 年至 2016 年间，为了对精准扶贫的效果进行监测和评估，国家对 200 万左右建档立卡的贫困户进行了"回头看"数据分析，但是，这些数据分析是人工分析，系统自动化的分析功能很差。此次"回头看"，为了实现对贫困户信息的动态监测，补录了将近 800 万人次的贫困户人口信息，同时对系统中已有的数据信息进行了剔除，删除了 900 多万人次的不符合贫困标准的档案信息，通过人工的方式实现了对贫困户的精准识别，新录入的和重新识别之后剔除的人口数量分别占到了当年信息库中贫困户人口数量的 10.4%和 9.0%，但是没有实现大数据分析的便捷化和自动化。2017 年，国家对建档立卡的信息数据再次进行了数据核查，根据第三方对扶贫的实际效果评估，对信息库中的贫困户人口数据又进行了一次更新。但是，对贫困户的精准识别问题一直是一个急需解决的问题，现行的数据统计工作很难在我国数量众多的人口中实现对贫困户信息的精准识别，尤其是数据分析不能实现智能化，那么系统中的数据难免会出现一些低级的错误，而数据的更正又需要花费大量的人力和物力，基层部门筛选数据时，必须核对系统中的贫困人口信息，需要花费大量的时间。这些问题的出现归根结底是因为系统智能化程度不够，大数据分析的技术尚未应用其中，具体来讲，主要是系统不具有兼容性和开放性，缺乏社会公众的监督，信息不透明，导致了社会参与的力量薄弱，在进行动态监测时，就只能依靠扶贫工作小组来更新信息数据。所谓不兼容，也就是建档立卡过程中数据库中的信息未与民政部门的低保信息以及公安部门的公民基本信息衔接起来，不同部门之间的数据共享没有实现。其实数据共享技术早已十分成熟，只是需要一个主导部门来指导数据共享的使用，但是部门之间的相互推诿以及懒政现象的存在导致这些数据难以实现有效共享。此外，建档立卡工作本身就没有体现出对精准识别的要求，所有的数据录入都是靠人力线下登记，而不是依靠系统的自动分析功能实现数据更新和精准化识别；贫困人口的录入标准，很多地区不一致，使得贫困户识别的精准性又大打折扣，尤其是我国人口规模巨大，极小的数据偏差在规模效应的影响之下就会变得异常之大，最终导致贫困户识别的失准。

二、县级以下单位的脱贫攻坚责任划分不清，精准扶贫功能不明显

扶贫工作中，明确的脱贫攻坚责任分配是为了进一步实现精准扶贫的目标，明确每一个扶贫小组甚至是小组中的每一个人的具体扶贫职责，将扶贫的责任落实到每一个扶贫小组成员的身上，建立贫困户与扶贫干部一对一的帮扶机制。从总体上来看，我国在全国范围内推广实施的精准扶贫，规定了从中央到地方的三级扶贫工作分工机制，即中央统筹、省级负责、市县落实。在这个扶贫机制中，最关键的一环是能够直接接触到贫困户的扶贫工作小组，由县委和县政府承担了大部分的精准扶贫攻坚的主体任务，党委和政府的"一把手"需要直接对精准扶贫中的各项扶贫工作承担第一责任，确保扶贫责任落实到个人，因此基层部门精准扶贫工作的压力是最大的。在《决定》中，详细地规定了县级以下的乡镇和村级扶贫小组的主要工作任务：第一，组织实施建档立卡的贫困信息录入工作，对扶贫的成效及时地进行数据库信息的反馈，采取贫困户的退出机制，及时地反映扶贫的成果，实现扶贫对象的精准性和扶贫资源利用的有效性；第二，积极地落实县委县政府的扶贫工作意见，根据上级扶贫部门的指导意见，因地制宜地制定适合本地区推广的实施办法和指导意见；第三，积极有效地把上级部门的扶贫工作指导意见和措施落实到村，落实到每一个贫困户，充分调动贫困户群众参与扶贫的积极性和主动性，积极献智献策，既要保证扶贫政策的落实，又要激发贫困户的扶贫创造力，让每一个贫困户主动地参与扶贫而不是被动地脱贫；第四，强化基层党委建设，

发挥党在实施精准扶贫中的领导作用，党是一切工作的主心骨，发挥党委在实施精准扶贫中的凝聚力，打赢扶贫攻坚战。针对扶贫项目的不同，实施的主体也具有差异性，像大规模的基础设施建设和扶贫特色产业的开发等，这些项目的实施就必须有一个较大的主导机构，如县级或是乡镇的政府部门就是建设和实施的主导部门。村级扶贫工作中存在四种扶贫工作小组，这些工作组或多或少存在着职能的交叉，没有形成明确的职能分工，尤其是在具体的责任方面，没有真正做到谁主导谁负责，扶贫工作小组之间应该对职能的分工和责任的承担进行协调，以实现扶贫功能的精准性。通过明确的职能分工，一对一地帮扶贫困对象，及时地了解贫困户的需求和扶贫信息，在贫困户有需求时能够及时地解决问题，避免无人负责。

三、精准扶贫的评估和核查机制存在明显的负面效应

扶贫工作有一套完整的过程和实施机制，贫困户的识别、登记是精准扶贫实施的前提，也是后期精准扶贫措施有效实施的基础。我们应该把重点放在后期的扶贫措施的实施上，在帮扶上投入较大的精力，避免在前期的基础投入上消耗过多的精力和时间，影响整体扶贫的进程。但在实际的扶贫工作中，精力的投入却是相反的。由于扶贫条件和技术的投入较少，智能化的精准识别系统尚未建立，大数据扶贫分析系统还只是一种想法，尚未在实践中投入使用，因此，前期在贫困户的识别和登记上就需要花费较大的精力，尤其是随着扶贫工作的进一步推进，对贫困信息的更新和完善又要投入同样的时间和精力，使得真正用在帮扶措施上的精力受到了限制，而实际的扶贫工作需要更多的精力投入。由于精准扶贫才起步，实施的有效性受到了扶贫流程的各种限制，在扶贫的过程中，扶贫工作小组侧重于对流程的合规性

第七章 金融助力精准扶贫待解决的问题和改进建议

以及脱贫的有效性的评估,很多时候要进行多次反复的考评,扶贫流于形式,关注的是扶贫的表面现象而不是扶贫的实质效果。鉴于此种情形的存在,为了确保扶贫效果的真实性和有效性,国家扶贫部门开始引入第三方扶贫绩效评估机构,从独立的第三方的角度来评价整体性扶贫的效果。因此,省级和市县各级的扶贫工作小组也开始注重对扶贫效果的独立评价,在各地的扶贫实践中引入了第三方的扶贫绩效评估,该评估能看到扶贫小组自身不能看到的问题,增强了整个扶贫工作评估的覆盖面。但这其中也存在一个问题,即,为了追求扶贫成效评估的真实有效,多数情况下需要投入较大的精力对扶贫工作进行全覆盖的绩效考评,严重地忽视了抽样调查统计的科学性和便捷性,没能将理论和实践很好地结合起来。除了引入独立的第三方评估机构,国家还实施了交叉评估的方式,各扶贫部门相互之间进行扶贫工作绩效的评价,通过交叉评估得出客观公正的评估效果。各省市县的各级扶贫机构也纷纷在各自的扶贫地区推广这一扶贫评估模式,实行县际内扶贫成效的交叉评估,以及乡镇和乡村之间的交叉评估,这样既能发现对方的问题,也能吸收对方在扶贫过程中值得借鉴的优势。但是,我国在实施评估和核查时,往往形式大于实质,绩效评估过分看重评估的流程和程序的合规性,评估的核查也只是看交叉评估的流程是否合规,只要合规,便不再关注其实质内容,缺乏扶贫工作的严谨性。上述问题在对贫困户的调研中也能看出来,很多贫困户都表示,上级扶贫小组在调研扶贫成效时,问得最多的问题是扶贫小组实施扶贫措施的程序是否合规,是否征求了贫困户的意见,缺乏对贫困户生活水平的关注。到后来,贫困户对于这些内容已经是十分的反感,他们对自身在扶贫中的角色定位也开始逐渐地改变,从重视主观能动性的发挥和积极参与逐渐转变为开始关注形式,以附和扶贫工作的开展。很多时候,所谓的核查评估很难发现扶贫中真实存在的问题,在国家开始扶贫检查之前,各地的扶贫工作部门就会首先自查,短暂地改进形式上不合规和内容上不合规的措施以应付上级的检查，国家层面的检查评估一旦过去，这些问题又会继续出现。我们应该清楚，精准扶贫最主要的是集中力量抓好扶贫工作，精准推进扶贫工作的实施，而不是仅仅依靠事后的扶贫检查纠错。

四、现行的扶贫进入和退出机制未能体现出核查的权威性和合法性

扶贫的目的是减少贫困的发生和现有贫困人口的退出，现行的贫困退出机制主要反映的是精准扶贫的实际成效和脱贫攻坚的阶段性效果。我国有数千万的贫困人口，每年通过精准扶贫机制受益的贫困户数量巨大，有几百万贫困家庭在扶贫工作中获得了具体的扶贫权益，涉及他们的基本生活福祉和利益。因此，扶贫的退出机制既关系着扶贫成效，又关系着贫困户的利益是否得到了切实的保护，退出机制必须具有相当的社会权威性和实施的合法性。扶贫开发的数据主要是通过权威的统计部门提供，这些数据的合法性是由法律法规赋予的，而统计部门得出的数据的权威性又是通过统计数据的专业性体现出来的。我国设立了多种退出机制来保证贫困户退出的合理性，确保脱贫之后返贫的概率降低，可是关于是否能够退出贫困数据库，往往又缺乏专业的核查机制，不能对贫困户退出做出专业性的评估和核查，通常只是通过一些有关的经济数据来决定。从贫困退出的过程也可以看出来，退出核查机制中有两个关键的环节，一个是村民的民主评议，由不具有贫困背景的村民组成评议小组，对评估对象的实际扶贫情况进行客观真实的评价；另一个是由扶贫工作小组根据数据和实际调查展开核查，对他们在实际的扶贫工作中得出的扶贫效果做出综合性的评价。虽然这些人的评估具有客观性，但是并不具有真实性和专业性，这些评估者的专业技能是否合格以及分析的角度是否恰当还值得进一

步探讨，毕竟这些村民在进行评估之前所了解的信息只是日常生活信息，很多时候并不能反映贫困户情况改善的真实情形，但是对这些村民进行专业的培训又是不可能的。最关键的是这两个评估环节得出的结论往往决定了贫困户最终是否退出贫困数据库，而问题是这些评估是否具有合法性呢，目前尚缺乏必要的授权文件和法律依据。

五、对保障兜底机制以及"五个一批"整体性的认识仍不一致

"五个一批"是精准扶贫的基本方略，其实施路径应该具有整体性和内在逻辑性，二者应该是一致的。但是从目前来看，尚未建立起有效的整体实施机制，对其实施的内在逻辑还没有一致的看法，众说纷纭。在"五个一批"的实施方略中，前四个是针对精准脱贫的措施方略，最后一个是关于措施无效之后的兜底策略，环环相扣，成为精准扶贫措施的重要补充。从字面的意思来讲，所谓脱贫是指不依赖"输血"式的财政资金的帮助而直接实现了贫困对象超越贫困线的生活水平的提高，是扶贫措施和贫困对象主观能动性发挥的结合；所谓兜底是指基本的扶贫措施不能达到贫困对象脱离贫困线的目标，或是扶贫对象的各项扶贫环境都不足以激发自身主观能动性实现生活水平的提升，因此，只能通过财政资金的直接帮扶，给予贫困对象基本的生活补助，为其提供基本的生活保障，以达到名义上脱贫的目标，这些贫困对象只能够依靠救助才能够实现非贫困的状态，一旦脱离了财政资金的直接救助，他们很快或是立即就会返贫。基本社会保障的范围已经在扶贫的进程中得到了不断的扩大，除了基本生活水平的保障，还包括医疗救助、临时救助等广义范围的社会保障，但是，从基本生活水平改善的角度来实现兜底状态的脱贫，本质上与脱贫还是有区别的，因此要将两者区分开来。此外，社会保障措施是否都具有兜底的性质

还值得考虑，总的来讲，兜底主要针对的是丧失了基本生活能力、生活不能自理的对象，但是对其进行医疗救助之后实现了生活自理，劳动能力得到了基本的恢复，又或是未成年人接受教育具备了基本的生活技能，离校后参与了工作，这些都是在临时性的生活能力丧失之后恢复并形成了劳动力的情况，在实际的扶贫措施推进中这些致贫的原因值得仔细商榷。因此，在实施兜底措施时，应该针对的是那些永久性地丧失了基本生活能力，且几乎不能或是完全不能恢复的贫困对象，针对这些人群的兜底性的救助措施，才真正具有扶贫的意义和性质。

六、进一步发展精准扶贫思想的思路和建议

毛泽东在《实践论》一书中对认识论的形成和发展进行了全面的阐述。在马克思哲学中，认识源于实践，对认识的发展要从感性认识上升到理性认识，并通过实践对理性认识进行检验，进一步得出更深层次的认识，将所得的认识回归到实践中，用于指导实践和改造世界。理性认识不是真理，也需要在实践中不断地检验和发展。根据认识论的知识，我们知道精准扶贫的理论是对扶贫工作思想的认识和理论深化。由于我国扶贫实践的多样性，这就需要精准扶贫思想在实践中不断地发展和深化。精准扶贫思想的理论深化主要表现在三个方面：实事求是，尊重规律；不走样地实践转化；逻辑清晰，精准扶贫不断规范化。

（一）基于"一把尺子量到底"的机制来实施精准扶贫的识别标准

实施精准扶贫工作的前提是对贫困户的精准识别，这是所有的扶贫工作能够有效进行的必要条件，精准扶贫的实施关键就在于精准，因此，对于贫困户信息的识别不仅要精准还应该具有一定的科学性和可靠性。关于精准识别的方式，目前主要有贫困人口的规模分解和人

第七章 金融助力精准扶贫待解决的问题和改进建议

口识别的逆向选择,这是目前精准扶贫中实施精准识别的主要方式,但是无论是作为备用还是替代的方式,这两种权宜之计都不具有长期持续性,我们有必要积极地探索另一种精准识别的方式,作为精准扶贫工作中的"B 计划"。可以参照国内外的一些新兴的关于精准识别的技术和系统,比如智利、印尼、哥伦比亚等国所采取的贫困人口的精准瞄准系统,以及我国广西地区正在推广的一种以县级为单位的统一贫困人口识别机制,这些精准识别的方法都为精准扶贫机制的探索提供了参照和先例。可以从以下两个方面建立精准识别机制:第一,要统一境内所有的精准识别标准,对所有的贫困户信息的识别应该采用单一和明确的识别标准,无论是进入还是退出机制都应该采取一视同仁的态度,避免因为标准的不统一而导致各地精准扶贫效果的不一致。第二,实施相对贫困信息登记,有的家庭的经济状况在贫困线标准上下来回地浮动,家庭的经济信息不具有确定性,既能说是已经脱贫的家庭,但又是很容易致贫的那种经济状态,这种家庭的信息应该纳入到登记的范畴,实施动态的管理,及时识别这些相对贫困家庭的致贫信息,从中发现符合精准扶贫标准的贫困户信息。换句话说,就是从这些相对贫困的人口中及时发现绝对的贫困人口信息,避免精准扶贫遗漏任何一个贫困对象。而且这个相对贫困人口的信息库还有观察作用,可以把那些已经脱贫的人口录入到这个系统中,密切观察其经济状态,实施动态的贫困状态管理,脱贫的人不用销号,返贫者直接重新纳入到精准扶贫的信息库中。对于这些相对贫困户的管理,有的地方已经开始探索对其实施后续的扶贫帮扶措施,比如,将精准扶贫中的一些普惠性扶贫措施惠及这些建档立卡之外的相对贫困户,确保他们的经济情况能够得到持续的改善,这个具有差异化的扶贫系统有助于稳固精准扶贫的效果,强化相对贫困人口的扶贫效果,真正做到精准扶贫的科学性和有效性。

（二）完整的精准脱贫机制应包含脱贫、兜底以及未脱贫

"五个一批"作为精准脱贫的基本实施方略，在实施的路径上主要存在着以下四种类型：第一种，通过产业发展实现脱贫的目标。产业脱贫的主要内容是通过发展产业带动就业来实现资产收益，促进经济发展，增加贫困人口的收入，实现就业式的脱贫。第二种，通过易地搬迁的方式实现脱贫攻坚的目标。这种脱贫的方式主要是以发展生产来实现脱贫，原址的生态和经济环境已经不足以用来实施精准脱贫的措施，只有通过易地搬迁的方式，寻找新的经济和生态环境，来重新发展生产。第三种，通过财政资金的资助和救助来实现脱贫。这主要体现在教育、医疗、危房改造以及灾后重建等方面的资金支持，这些扶贫对象主要是由于特定的原因所导致的阶段性贫困，通过一定的财政资金的救助和帮扶能够促进帮扶对象劳动能力的恢复，这种类型是前述兜底模式的体现。第四种，由低保、社保、大病医保等兜底措施所保障的脱贫目标的实现。这些扶贫措施最主要的特征就是需要持续性投入，一旦这些兜底措施取消，就意味着这些帮扶对象会重新返贫，因此，扶贫救助的措施一刻也不能停止。上述四种类型总的来讲其实就是脱贫和兜底两种情形的细化。此外，社会发展的基本规律意味着脱贫的措施不可能覆盖所有贫困人口，应该意识到在精准脱贫中肯定还会存在"未脱贫"的情况，这是由社会经济发展的客观实际决定的。精准脱贫并不意味着贫困人口的全部脱贫，百分之百的脱贫是不可能存在的。因为致贫的原因是多种多样的，一些具有较强经济能力的主体，可以通过自身的力量推动精准扶贫的实施；一些未被覆盖的贫困人口，可以通过社会力量的参与实现扶贫的全面性，实现脱贫。从脱贫后的客观实际情况来看，在精准脱贫攻坚任务完成之后，返贫以及因为懒惰而导致的劳动力致贫的情况还是存在的。对由于懒惰导致的贫困，需要社会各界充分参与到扶贫的动员中来，通过严格的扶贫规制和社会成员的思想动员，避免这种情形的出现。但是，对那些

仍然不想通过劳动力的方式实现脱贫的人群，精准扶贫的机制有必要明确扶贫的边界，不能一味地为了减少贫困而盲目地实施扶贫，扶贫的责任不仅仅在政府部门，贫困户本身作为扶贫工作的主体之一，也要承担必要的责任。

（三）扶贫与脱贫要界定清晰的主体和客体属性

由于脱贫攻坚压力所致，扶贫主体承担了过多的帮扶责任，以至于贫困户的主体责任被忽视，甚至发生扶贫人员指责贫困户不感恩、"等靠要"、不愿脱贫等情形。这意味着扶贫、脱贫的主体与客体属性在精准扶贫思想中未能清晰界定，也没有在实践中很好地体现。在扶贫工作中，政府以及社会帮扶力量是扶贫主体，贫困户是扶贫对象和脱贫主体。对后者而言，自我的发展参与是脱贫的内因，外界帮扶是外因。只有在缺乏发展能力的条件下，政府才承担助其脱贫或兜底的主体性责任。对于贫困户脱贫主体的界定符合劳动致富的社会主义价值观，也有利于弘扬"人人参与、人人尽力、人人享有"的共享发展理念。对于贫困户，一方面，要充分培育其能力并保障其发展机会；另一方面，也要培养其脱贫责任主体意识，使其认识到获得帮扶不是无限权利。对于有劳动能力而不愿参加劳动的，不应承诺或要求限期脱贫，最多给予最低程度的人道主义保障；对于那些已经达到脱贫标准而不愿签字脱贫的，应设立县级复核机制，可以不经签字直接列入脱贫名单。

（四）扶贫责任制要从中央与地方关系上拓展到基层

扶贫责任制是脱贫攻坚的重要保障，为体现精准扶贫思想，应覆盖扶贫全过程，即从中央与地方的关系拓展到基层。在已有的中央统筹、省负总责、市县抓落实的三级责任制的基础上，重要的是如何完善市县抓落实机制。基层扶贫责任制应体现在两个方面：一是市县、乡镇、村级三级权责关系；二是村级四支扶贫力量的权责关系。《决定》中关于县级党委政府的脱贫攻坚主体责任的描述界定了其主要职责及与基层的分工，但没有对乡镇和村的职责进行划分。实际上两者应当有所分工，乡镇应当更多地负责整体发展、组织协调、上情下达的工作，村应当更多地承担精准到村到户的工作，对于目前时常出现的贫困人口过度医疗现象，也应当采取相应措施，确保合理使用医疗资源。村级在针对村、户两级致贫原因制定对策时，凡是需要上级资源、资金、政策支持的，都可以通过乡镇向县级提出诉求，县级应当尽责地予以满足，不应令乡镇和村经常陷入无助的境地。村级承担村、户两级扶贫责任，充当"最后一公里"的关键角色，需要在四支扶贫力量间建立明确、合理的分工协作机制。具体地说，第一书记应当对村支部工作和村扶贫工作负领导责任；扶贫工作队应当直接负责各项扶贫计划的制订和政策措施的落实；在直接的扶贫措施上村"两委"应当支持和配合扶贫工作队的工作，但是同时也要认真履行社区自治、服务、发展等公共职责。贫困户帮扶责任人更多地应当发挥联系人作用：一方面通过深入沟通，帮助贫困户寻找致贫原因以及脱贫路径和思路，将整理出的思路和诉求向扶贫工作队和第一书记反馈，共同帮助寻找政策资源；另一方面也应当根据自身能力给予直接帮助。在机制设计上，前者更重要，也是精准帮扶的具体体现。

（五）基层扶贫主体作为排头兵需要赋权和赋能

任何事务都应当是责、权、能、利的统一。中国基层扶贫主体的现状是利益有限，能力有限，职责很大，但职权很小。鉴于扶贫脱贫工作都在基层开展，基层扶贫主体应当拥有更大权限。这种权限，一方面体现在扶贫工作的自主性，以及从上级得到的对扶贫资源和政策需求的尊重和满足上；另一方面体现在贫困识别和脱贫认定的权威性上。如果这种脱贫认定的权威性得到认可，那么，基层的扶贫成效在

第七章 金融助力精准扶贫待解决的问题和改进建议

机制上就应当得到信任而不是怀疑,第三方评估就不应当具有那么大的"紧箍咒"效应,这种事后评估也不应当再占用那么大精力。当然,基层扶贫主体的权限和权威并不能凭空得来,除了要靠机制保障,更多地要靠能力建设。例如,就贫困退出机制而言,在贫困户调查的关键环节上,如果采用专业调查人员或者经过充分培训的外聘调查人员,就可以避免扶贫主体既当运动员又当裁判员的逻辑矛盾。

第二节 金融扶贫的技术障碍

一、大数据技术与精准扶贫的耦合性分析

大数据是信息领域的新技术,精准扶贫是扶贫领域的新理论,两类不同属性的新事物是否能够相互融合呢?这需要进行二者之间的耦合性分析,为引入大数据技术以及构建二者之间的耦合机制提供逻辑依据。

(一)大数据耦合性分析的维度提取:特征维度

随着云计算、物联网、移动终端等信息技术的广泛应用,人类社会产生的数据量呈指数增长(达到PB级),尤其是数据采集和处理能力的显著提升,引致了大数据时代的来临。大数据概念最早可追溯至美国未来学家阿尔文·托夫勒1981年出版的《第三次浪潮》。国际上诸多研究机构都尝试对大数据进行定义,但没有形成一致性认可。众多概念中,麦肯锡全球研究所的定义被广为接受,即大数据是一种规模大到在获取、存储、管理、分析方面都大大超出了传统数据库软件工具能力范围的数据集合。维克托·迈尔·舍恩伯格和肯尼斯·克耶合著的《大数据时代》中提出的Volume(巨量的数据规模)、Velocity(快速的数据流转)、Variety(多样的数据类型)、Value(较低的价值密度)的大数据"4V"特征,在全球范围内得到了广泛认可。其中,前三个特征反映了大数据的技术属性,第四个特征反映了大数据的价值属性。"4V"特征是判断某一现象或领域是否会形成大数据的重要标准,同时也是测度大数据技术与行业发展融合的重要维度。鉴于此,本文将大数据"4V"特征作为耦合性分析的逻辑节点。

（二）精准扶贫耦合性分析的维度提取：逻辑维度

精准扶贫包含"关键四问""五个一批"和"六个精准"等系列内容。"关键四问"即扶持谁、谁来扶、怎么扶、如何退；"五个一批"是指发展生产脱贫一批、易地搬迁脱贫一批、生态补偿脱贫一批、发展教育脱贫一批、社会保障兜底一批；"六个精准"即扶持对象精准、项目安排精准、资金使用精准、措施到户精准、因村派人精准、脱贫成效精准。其中，"五个一批"及"六个精准"回答了"怎么扶"的问题，属于精准帮扶的具体内容，范围相对狭窄。显然，用"关键四问"代表精准扶贫比较合适。其中，"扶持谁"是要回答扶贫的客体，解决瞄准扶贫对象的问题；"谁来扶"是要明确扶贫的主体，强调多方发力，综合治贫；"怎么扶"是要回答扶贫的载体，强调帮扶过程中精准施策；"如何退"是回答扶贫的成效，构建贫困人口退出机制。"关键四问"厘清了客体－主体－载体－成效之间的逻辑关系，涵盖了精准扶贫机制全过程，是精准扶贫本质属性的重要体现。因此，本文将其提取出来，作为精准扶贫耦合性分析的重要维度。

（三）基于特征维度与逻辑维度的耦合性分析

耦合原本作为物理学概念，是指两个（或两个以上）系统或运动形式通过各种相互作用而彼此影响的现象。随着耦合概念在不同学科的迁移和应用，耦合性常用来说明两类现象之间的关联程度。关联程度越小，独立性越强，耦合性越低。反之，关联程度越大，独立性越弱，耦合性越高。分析大数据"4V"特征与精准扶贫"关键四问"之间的耦合性，是将大数据引入精准扶贫机制的前提条件。本文将定性分析大数据特征维度与精准扶贫逻辑维度之间的耦合性，为后续构建精准扶贫耦合机制做好理论铺垫。

1.精准扶贫数据的巨量性分析。

从扶贫客体（扶持谁）来看，扶贫数据具有明显的巨量性。截止到 2015 年年底，我国农村建档立卡贫困人口总量高达 5575 万人，分布在 832 个国家扶贫开发工作重点县、集中连片特困地区县和 12.8 万个建档立卡贫困村。以甘肃省为例，全省建档立卡贫困户登记表每户 13 张，每村 11 张，涵盖扶贫对象动态管理系统、易地搬迁支持管理系统、交通支持管理系统、教育支持管理系统等 19 个子系统，仅一省的数据容量就需 96 台服务器存储。从扶贫主体（谁来扶）来看，涵盖了政府、企业、农户等多个不同的利益主体。其中，政府方面，2016 年全国党建扶贫中驻村第一书记共计 18.8 万名，驻村干部高达 54 万人。企业方面，2016 年"万企帮万村"行动中，全国共有 22000 家民营企业与 21000 个贫困村建立了结对帮扶关系，数据量巨大。从扶贫载体（怎么扶）来看，已经形成了发展生产脱贫一批、易地搬迁脱贫一批、生态补偿脱贫一批、发展教育脱贫一批、社会保障兜底一批"五个一批"综合帮扶举措。"十三五"期间，仅易地扶贫搬迁一项就高达 1000 万人。

2.精准扶贫数据的多样性分析。

精准扶贫数据的多样性包括来源多样和类型多样两个维度。从数据来源来看，2014 年全国实施的建档立卡信息系统数据涵盖了全国 22 个承担脱贫攻坚任务的省区，牵涉财政、发改、民政、卫计、教育、水利、国土、住建、人社、残联、扶贫办、农业局等诸多政府职能部门的综合数据。数据来源渠道多，覆盖范围广。这些数据中既包括通过入户调查获取的一手数据，还包括统计年鉴、各行业公报中的二手数据。从数据类型来看，既包括存储在数据库里的结构化数据，如贫困户的家庭成员、收支情况、受教育程度、住房情况、生产条件情况等，又包括以图片、图像、音频以及视频信息等形式存储的非结构化数据，如贫困户占有的耕地、宅基地图片，贫困人口分布的空间数据，驻村干部帮扶照片或视频等。

第七章 金融助力精准扶贫待解决的问题和改进建议

3.精准扶贫数据的高速性分析。

精准扶贫数据的高速性主要是指对数据处理的高速特征，主要包括数据生成速度快和数据的处理速度快，这两个层面的大数据分析特征也是实施精准扶贫数据分析的关键。就数据的生成速度来讲，由于我国的流动人口的规模十分大，区域之间的流动频率高，人口的工作不稳定，导致了变动的频繁性。根据扶贫的数据统计显示，全国范围内的外出农民工中，在省际之间进行流动的农民工的数量在7700万人，流动频次超过5亿人次，这些时刻流动中的外出农民工的数量占到了所有农民工数量的45.9%，这些情形的出现也说明了数据分析和统计的困难，以及精准扶贫数据分析智能化的必要性。贫困人口最主要的表现就在于收入的不稳定上，收入低却又不具有长期的可持续性，大量的农户已经转变了自身的发展方式，开始向着非农性质的行业转变。再者，由于农业具有极高的季节性特征，农民在农忙之后就有较大的空闲时间可以灵活地安排，其增加收入的途径和方式呈现出多样性，包括外出务工、土地流转、农产品销售等多种方式的收入。这些数据和现实情况的多样性和复杂性，需要极其复杂的系统和技术来处理，以保证数据分析的有效性。根据扶贫的官方文件显示，贫困户的数据信息录入的时间间隔应该以1年为周期，实施动态的数据录入和更新，但是，现实的情况更加复杂，由于各省的数据采集和录入有着不同的标准和时间间隔，而且我国人口基数决定了需要处理的数据量十分庞大，有时候受限于技术水平和人力资源，数据的误差弥补、数据增补和复核需要经过多次的重复。根据国务院扶贫办出台的《关于贫困人口动态调整的通知》，那些已经录入到数据系统中的贫困户，只需要对他们变动的信息进行采集和录入，新的贫困户就应该将所有的贫困信息录入到信息库中。与商业的数据处理相比，扶贫数据的处理速度和效率相对要低，扶贫信息的多样性和复杂性决定了扶贫数据的处理相对缓慢，这也是精准扶贫数据处理技术需要进行改进的地方。

4. 精准扶贫数据的特征及使用价值分析。

由于管理体制的条块分割，扶贫数据存储分散、彼此孤立，制约了大数据的生成，降低了数据的使用价值。以精准识别为例，实践中我国农村贫困人口的识别仍以经济贫困为标准，最新的贫困线是以农民年人均纯收入2300元（2010年不变价）为标准。计算农民年人均纯收入涉及收入和支出信息，实际上，收入是流量，消费是变量，传统手段难以监测。农民收入由工资性收入、经营性收入、财产性收入以及转移性收入四部分构成。其中，前三类收入主要从劳动力市场、商品市场、资本市场或要素市场获得，属于农户的私人信息，扶贫部门很难获得真实数据。除正常生产生活支出外，较多农户在因病、因学、因灾、婚嫁等方面有较大支出，这些数据需要从卫计、教育以及民政等部门获取。分散孤立的收支数据使用价值极低，以农民年人均纯收入指标为例，该指标的实际测度十分困难，若不借助大数据技术整合各行业数据，实现数据共享，消除彼此间的信息不对称，就难以实现精准识别。综上可知，实施精准扶贫机制所产生的数据符合大数据的"4V"特征，二者之间存在较强的耦合性，可以将大数据技术引入到精准扶贫创新机制中。

二、精准扶贫中的大数据应用实践与实效

贵州和甘肃都是西部地区典型的贫困省份，同时也是较早将大数据技术引入到精准扶贫实践中的省份。两省在具体的应用实践中是否体现了大数据与精准扶贫之间的耦合性，需要从数据采集、数据存储以及数据分析的流程维度，来分析两省精准扶贫实践中大数据技术应用的不同，提炼出构建耦合机制的关键变量。

（一）数据采集

目前，关于扶贫数据的搜集主要是通过问卷调查的方式实现的，

第七章 金融助力精准扶贫待解决的问题和改进建议

并且通过现场问卷调查的方式实时搜集扶贫开发中的结构性数据。以现场访谈的方式搜集的数据具有真实性,对于搜集者来讲能够根据现实情况及时补充数据信息或提出问题和建议,然后录入到扶贫数据系统中。很少采用通过客户端的方式来搜集数据,虽然这种方式具有较大便捷性,但是在搜集数据的真实性上存在着较大的问题,数据分析结果的真实性和可靠性也存在问题,相比之下人工搜集的数据可靠性和真实性就具有较大的参考价值。在贵州省扶贫数据的搜集中,主要是通过完善一种包括七项指标的建档立卡贫困等级表来实现对贫困户信息的搜集工作,这七项指标是扶贫信息数据搜集的一级指标,主要包括帮扶对象的基本家庭情况、致贫原因、扶贫工作负责人、帮扶计划、扶贫项目的选择、实际的扶贫效果以及精准脱贫绩效评估,除了这七项一级指标之外,还有多达 199 项二级指标,来实现数据的精准性和扶贫措施实施的有效性。在甘肃省的扶贫信息搜集中,数据采集的内容主要包括易地搬迁户的扶贫信息采集、惠农措施的普及率调查、农村危房改造政策的了解程度等 9 项主要指标,由此导致的后果就是单个贫困户的信息就会很多。2015 年,甘肃省颁布的扶贫实施方案中指出,关于扶贫数据的采集主要分为三个阶段,即信息采集、信息审核以及信息录入,且都采取线下纸质数据调查的方式,数据采集分析和整理的时间规定为 20 天。上述两个省份没有采取自动化数据采集方式,主要是因为这两个省份在数据采集硬件设施设备的配备上比较落后,而且专业性的采集技术还需要进一步改进,因此导致了自动化采集比例较低。正是由于自动化的比例较低,使得扶贫数据无法体现出多样性和唯一性以及瞬时性的特征,不能满足精准扶贫小组对于大量数据的需求和快速数据分析能力的需要。在现实中数据采集和分析的困境在于贫困户产生的数据量十分庞大,包含贫困户、政府政策、社会力量参与等多方面的信息,但是实际中的采集效率极低,所获数据的可靠性极差,而且数据不能充分采集和冗余的情形十分常见,这对精准扶贫中数据分析的耦合度造成了影响。

（二）数据存储

在精准扶贫的数据信息处理和分析当中，主要利用的是大数据处理技术，而大数据处理不能脱离云计算的方式，云处理能够有效实现对数据处理的高效性和分析的全面性。云处理技术还为大数据分析还提供了一个可以收缩空间的基础数据存储设备，在这个设备中既能够存储搜集来的大数据信息，还能够实现"增值"。云处理技术分析后得来的技术，即产生的大数据也存储在这个基础设备之中，可见云处理器的重要性，是存储和产生大数据的重要平台。作为当前大数据分析和处理技术较为完善的地区，贵州省利用后发优势，大力发展和搭建大数据云处理技术和平台，建立了"云上贵州"大数据处理平台。扶贫数据成为该项平台研究和分析的主要内容之一，该平台整合了几乎所有部门的贫困数据信息，包括民政、工商、公安、住建、交通、卫生以及教育等领域的贫困信息，搭建起整个贵州地区扶贫信息库的基础，为实施精准扶贫措施提供了数据和技术上的支持。在数据的分析和使用上，平台还形成了七个子系统平台，包括数据平台、申报平台、资金平台、管理平台、绩效评估平台、任务平台以及考核平台，成为贵州省实施精准扶贫的数据支撑。平台上的数据除了为整个地区的扶贫工作提供精准的数据分析和支持外，对于参与到数据提供的各个部门来讲，也能够及时有效地获取平台上的信息，实现贫困信息在各部门间的共享和传递，形成数据交换机制，各部门能及时知晓平台上的数据信息，形成扶贫措施的上下联动，保持扶贫信息的动态化管理。甘肃省在数据处理上主要是建立了一个扶贫信息数据库，在规模和技术上相比贵州省的数据处理和分析有些落后，但都只是在局部的试点，并没有大规模推广开来。甘肃省的扶贫信息存储在服务器当中，主要是通过大数据建模的方式实现对扶贫数据的立体化管理，从产业、

第七章 金融助力精准扶贫待解决的问题和改进建议

行业和社会三个层面来实施三位一体的大数据建模,对基础数据、目标数据进行筛选、计算和分析,并转化为适于精准扶贫实施的数据,进而对整体的数据分析和扶贫工作的绩效分析进行完善。显而易见,甘肃省扶贫信息库能够存储的数据规模相比较小,数据的弹性和可拓展性较差,与大数据分析平台无法形成有效的对接机制,在贫困户基础数量较大的现状下,精准扶贫所需要的大量扶贫信息不能得到有效的满足。

(三)数据分析

数据分析的质量决定了大数据的价值性。当前,主要的数据分析方法包括可视化分析和统计分析。贵州省精准扶贫大数据平台存储了包括地理空间数据和属性数据在内的海量数据,通过对存储在云端的数据进行可视化分析,借助地理信息系统(GPS)可以实现对全省范围内的贫困区域、贫困人口、扶贫项目的可视化监测;统计分析方面,结合贵州省精准识别过程中提出的"四看法"(一看房、二看粮、三看劳动力强不强、四看有没有读书郎),构建了相应的"贫困指数",并从海量数据中甄别出最贫困的乡、村、户,同时实现了对新增户、返贫户以及贫困户脱贫进展情况的动态监测。甘肃省对精准扶贫大数据的分析,主要是综合运用数据集合、高效整合、报表分析、图形工具和数据挖掘等分析技术,对建档立卡贫困村、贫困户的基础数据和行业数据进行行业对象统计分析、各个扶贫项目目标任务完成情况分析、资金使用效益统计分析、扶持成效分析以及绩效考核分析等,并通过以上分析及时发现问题,为精准扶贫政策的落实提供决策依据。总体而言,贵州和甘肃两省精准扶贫大数据分析偏重于传统统计学中的柱状图法、直方图法、折线图法以及回归分析法的低端分析,尚未应用人工神经网络、支持向量机、决策树、随机森林、K—Means 以及用于分类的 Naive Bayes 等算法进行深度研究。大数据分析的核心是预测，数据分析的高级阶段就是从精准扶贫大数据中挖掘出复杂变量之间的规律，然后通过建立合理的模型，揭示变量间的内在机理，从而预测精准扶贫的演化趋势，但目前贵州和甘肃两省在高端数据分析方面还比较欠缺。

综上所述，贵州和甘肃两省在应用大数据提高精准扶贫成效方面进行了尝试，在实践中出现的不足具有一定的代表性。从扶贫视角看，当前精准扶贫大数据平台的作用主要集中在精准识别环节，精准帮扶层面的应用程度不够；从大数据技术视角来看，精准扶贫大数据平台尚停留在管理信息系统阶段，不属于真正意义上的大数据管理平台；从功能应用来看，偏重于数据采集、数据整理等层面，无法对接精准扶贫机制的复杂性、动态性以及多维性特点，如何运用大数据进行数据挖掘以及风险预警还有待进一步研发。

三、构建大数据技术与精准扶贫的耦合机制

基于上述耦合性分析以及案例分析的结论，笔者就大数据与精准扶贫之间可能构建的耦合机制访谈了贵州省扶贫办、贵州省统计局农村处以及贵州省农委等相关领域的 5 名专家，结合专家的意见以及当前贵州省扶贫云运行中存在的不足，从精准识别、精准帮扶、产业扶贫等维度构建出以下 3 种耦合机制。

（一）精准识别：构建数据比对耦合机制

精准识别是精准扶贫的首要环节，识别结果直接影响着精准扶贫成效。当前，我国扶贫领域出现的问题大多发生在识别环节。如何实现精准识别呢？首先要明确贫困标准。理论上国家是以农民年人均纯收入 2300 元（2010 年不变价）为贫困标准，由于计算人均纯收入所需的收入和支出数据难以获取，实践中主要是通过基层党委组织贫困户开展的民主评议进行识别，如甘肃省实施"一核、二看、三比、四

第七章 金融助力精准扶贫待解决的问题和改进建议

评议、五公示"的贫困人口识别流程。理论标准与实践操作上的分离，造成了贫困识别的精度较低。构建数据比对耦合机制，需要将扶贫数据划分为两类：一类是由扶贫办负责的建档立卡贫困户源数据，源数据是由政府部门通过问卷调查、民主评议的方式现场收集，不能保证数据的真实性；一类是其他职能部门负责的各行业的法定数据，数据真实但分散。通过引入大数据技术，搭建政府职能部门数据云平台，对贫困户的身份证号码以及建档立卡编号等进行调用，将源数据与法定数据进行一一自动比对，数据不一致的剔除，如对拥有小轿车、商品房，国家公职人员、个体经商或开办公司以及有犯罪记录等不符合要求的"伪贫困户"进行剔除，从而实现对脱贫户、返贫户以及新增贫困户的识别，由主观性较强的人工驱动向客观性较强的数据驱动转变。理论上比对的数据维度越多，识别的精度越高；实践中由于比对过程涉及的部门多、周期长、工作量大、协调难度高等问题，导致精准识别误差较大，构建的数据比对耦合机制弥补了这一不足。

（二）精准帮扶：构建供需匹配耦合机制

培育多主体的贫困治理格局是提升贫困治理能力的内在要求。当前，我国精准扶贫存在着"政府热、社会弱、市场冷"的局面，企业、社会组织、公众等主体游离在精准扶贫的主要力量之外，效能远没有发挥出来。通过引入大数据技术，构建精准扶贫大数据平台，能够将企业、社会组织、公众等主体吸纳进来，在发挥各自优势的基础上，形成各具特色、优势互补、相互协同的综合扶贫机制。如企业可以利用人力资源、技术创新、市场营销以及组织管理等方面优势，帮扶贫困村发展特色产业，以及创办职业技能学校实施教育扶贫等；社会组织可以利用在社会宣传、资金募集、道德示范、公信度等方面的优势，引导社会组织对贫困户进行帮扶，树立贫困户脱贫攻坚的信心，提高他们脱贫致富的主观能动性。具体而言，构建供需匹配耦合机制可以通过在大数据云平台上发布扶贫供需信息，帮助企业、社会组织、公众来了解贫困户的基本特征、行为习惯、需求偏好、培训情况等，消除帮扶主体与客体之间的信息不对称，从而实现扶贫主体（企业、社会组织、公众）与贫困户之间的供需匹配，实现有针对性的精准帮扶，并实时跟踪帮扶效果。另外，在精准扶贫大数据云平台植入教育、医疗、法律援助等贫困户需要的信息资源，方便建立贫困户与企业、社会组织等其他主体之间的联系，实现贫困户与扶贫主体之间的双向互动。

（三）产业扶贫：构建产业规划耦合机制

产业扶贫是涉及基础设施、资源禀赋、金融支持、政策配套、利益机制以及市场风险等要素的系统工程，因其辐射范围广、带动能力强、发展潜力大，被认为是实现可持续性扶贫的根本措施。2016年农业部、国家发改委等九部门联合印发的《贫困地区发展特色产业促进精准脱贫指导意见》中强调，通过产业扶持要解决一半以上农村贫困人口的脱贫问题。现实中的产业扶贫大多由于缺少市场调查、偏离资源禀赋、人力资源短缺、忽视市场风险、缺乏能人带动以及政府强制性干预等原因，极易导致产业扶贫的失败。加上数据共享开放不足，孤岛数据、僵尸数据以及碎片数据的大量存在，直接制约了跨部门、跨区域和跨行业的互连互通、协作协同和科学决策。通过引入大数据技术，搭建包括土地资源、水资源、气象资源、生物资源和自然灾害等自然资源与环境数据，种植业生产、养殖业生产的农业生产数据以及包括市场供求信息、价格行情、生产资料市场供需信息、价格变动、流通市场等方面的农业市场数据云平台。基于精准扶贫大数据云平台，综合考虑基础设施、资源禀赋、金融支持、技术资源、政策配套、利益机制、市场需求等因素，优化扶贫产业的决策机制，合理规划产业扶贫，优化顶层设计，从而提升产业扶贫的成效。其中，重点提升农

第七章 金融助力精准扶贫待解决的问题和改进建议

产品市场风险的预警能力是发挥大数据预测功能的关键。如湖南省探索出的"资金跟着穷人走,穷人跟着能人走,能人(穷人)跟着产业走,产业跟着市场走"的"四跟四走"的产业扶贫就是将市场需求作为产业扶贫的前提条件。

第三节 金融扶贫的主要问题及改进建议

一、商业银行参与精准扶贫积极性不高

在湖南、广西两省区金融机构座谈会上，几乎所有的金融机构都反映，目前参与精准扶贫主要是出于金融机构的社会责任感和省区政府下达的硬性扶贫任务要求，短期可以做到，长期必须解决金融机构参加精准扶贫的制度性问题，即从制度上解决风险补偿以及政策性保险问题。金融机构是商业性质，必须考虑贷款的风险、补偿以及本身的效益。由于贫困户可抵押及质押的资产少、质量差，当地财政可用贴息、免息和风险补偿资金有限，导致金融机构资金投入有限。从座谈会各金融机构反映的情况看，不论是政策性金融机构还是商业性金融机构，对将贷款投入扶贫领域都持谨慎态度，顶层设计方面的缺陷导致金融机构难以持久参与金融扶贫工作。

二、金融扶贫的主体责任不明确，金融扶贫工作难以进一步深入

湖南和广西的政府主管部门普遍反映，由于国家主管部门没有明确由某个金融机构承担金融扶贫的职能，并让其主要承担贫困地区的金融扶贫任务，导致金融机构在省区政府的要求下进行扶贫时，更多是出于政治任务考虑，没有形成良性市场扶贫机制。看似全省区的金融机构都参加了扶贫，但真正深入、全力扶贫的金融机构并不多。如果不将金融扶贫的主体责任明确到指定金融机构，金融扶贫的效果将大打折扣，达不到贫困地区和贫困户的要求，对于完成 2020 年全国 7000 万人口脱贫的资金支持任务，还有很大的差距。

三、金融扶贫政策不够明确，贫困地区基础设施建设及公共服务项目金融支持难以落地

据湖南省金融办反映，目前金融扶贫还处于起步阶段，部分重大政策应进一步落实。目前，国家在金融扶贫方面出台了部分相关政策文件，如2014年银发65号和国开办发78号文件、2016年银发84号及91号文件等，但除了易地搬迁、助学贷款金融支持政策明确外，其他领域金融扶贫优惠政策并没有明确。比如，国家设立了比支农再贷款利率更加优惠的扶贫再贷款政策，但是没有具体操作办法，金融机构难以执行；又如，贫困村"两基"建设贷款利率怎样优惠、贷款年限多长等都没有具体操作规定，金融机构无法执行；再如，扶贫特色产业的贷款利率和贷款期限、中央是否贴息等问题没有明确，对带动贫困地区扶贫的新型农村经合组织如何进行信贷支持没有政策。贫困地区因地处偏远或自然环境较为恶劣，一般交通、水电基础设施落后，公共服务水平较低，成为扶贫工作的重点，改善这一现状也是贫困地区群众的迫切要求。虽然政策性金融机构都想积极支持这些扶贫项目，但是在落地过程中存在困难：一是政策性金融机构在县级没有分支机构，无法下沉到县；二是这两类项目都属于扶贫公益项目，必须由财政担保偿还，但县财政没有资金担保，或者县财政本身就是依靠转移支付保证的，负担太重。

四、扶贫政策性担保、扶贫政策性保险和风险补偿机制缺乏，制约了金融机构扶贫的主动性

金融扶贫虽然是金融机构的一项社会责任，但金融机构的商业性质决定其必须考虑贷款的效益，遵循金融运行的一般规律，满足贷款的基本条件。在与湖南、广西两省区金融监管机构的调研座谈中，他

们一致认为，金融机构积极参加扶贫的关键是需要国家财政或地方政府财政解决贷款的担保问题以及风险补偿问题。两省区的所有金融机构都认为，不论是担保还是风险补偿，金融机构愿意负担损失的30%。目前，在没有贴息、没有担保、没有风险补偿机制的背景下，省政府作为政治任务下达指标，金融机构很难做到长期持续性的扶贫投入。从金融经济运行规律看，金融机构不论是发放商业信贷还是发放扶贫贷款，必须考虑其风险和效益，否则无法正常运行。

五、金融机构金融扶贫产品过于单一，金融服务手段不足

由于贫困地区自然经济占主导地位，商品经济不发达，缺乏竞争力和自我发展能力，产业构成以农业为主，农业中又以种植业和养殖业为主，导致金融机构金融扶贫基本以小额贷款为主，不同的银行都在发放小额贷款，产品过于单一。除了国家认定的连片贫困地区整体搬迁贷款外，其他贷款都是对贫困户的小额贷款；除了极个别贫困地区利用部分省区代发扶贫债券的资金以及福利彩票扶贫资金外，没有其他形式的金融支持。如果金融机构与贫困地区做好对接，完全可以利用现有政策在贫困地区开展订单贷款、期货业务和集中贫困地区龙头企业发行集合票据或集合债券业务，通过省级政府或者地市政府提供一定的担保或者增信，达到利用其他金融工具的可能。如果扶贫手段和服务手段过于单一，金融资源就不能发挥更大的作用。

第七章 金融助力精准扶贫待解决的问题和改进建议

六、改进金融扶贫工作的政策建议

（一）进一步完善及明确国家金融支持扶贫的制度和政策，制定相应操作规程

一是进一步完善国家层面的金融扶贫政策，明确规定扶贫贷款优惠利率和贷款期限，进一步明确除易地搬迁、助学贷款金融政策外的扶贫政策；二是在政策上明确基础设施建设及基本公共服务类项目落地的政策和具体操作流程和规则。国家有关部门要进一步明确贫困地区基础设施建设和公共服务、贫困地区及贫困户脱贫的基本条件、具体政策和操作流程，使得脱贫政策更具有可操作性。

（二）明确财政资金为金融扶贫资金的贴息、担保和风险补偿资金

由于我国贫困人口较多、政府财政能力有限，难以做到贫困人口全覆盖。若以银行信贷扶贫的方式瞄准贫困地区和贫困人口，可将一次性使用的无偿拨付财政扶贫资金变为多次周转使用的信贷扶贫资金，达到精准扶贫和持续脱贫的目的，可防止脱贫后又返贫，确保扶贫资金的安全性和可持续性。在我国精准扶贫资金支持方面，下一阶段应主要依靠金融资金投入，财政资金在扶贫工作中具有无偿性、保底性和公平性等特点，但因国家财力及地方转移支付能力有限，扶贫投入不可能大幅度增长，应将这部分财政资金作为金融扶贫的引导资金。建议明确财政扶贫资金除必要的扶贫兜底外，全部用来为金融扶贫资金贴息、担保、风险补偿，以此撬动巨额金融资金投入扶贫项目。

（三）建立国家级财政扶贫担保机构和风险补偿机构

金融扶贫最大的瓶颈是担保和风险补偿机制的缺失，目前各地虽

然建立了担保公司和风险补偿机制，但是规模小、能力弱，担保范围和风险补偿范围很小。调动金融机构扶贫的积极性，关键问题是要解决担保和风险补偿问题。建议在财政部门建立国家级扶贫担保公司和风险补偿机构，为减少不必要的机构设置，可将该职能纳入财政部门，在不增加新机构的前提下，由现有省市县级财政履行扶贫担保职能和风险补偿职能，通过设立国家担保机构和风险补偿机制，解决金融机构贷款风险问题，引导其加大对扶贫工作的支持力度。另外，为帮助金融机构解决扶贫中的贷款损失，建议提高参与金融扶贫的金融机构不良贷款拨备率，解决金融机构因发放扶贫贷款导致的呆坏账增加的损失。

（四）建立国家级政策性农业保险机构，或者在现有国家保险机构中明确有关保险公司专门履行为"三农"及扶贫保险的职责

农业生产有独特的规律性和风险不确定性，如果不建立国家级政策性农业保险机构或由现有的保险机构履行服务"三农"和扶贫保险的职能，商业保险一般都不愿介入农业领域，更不愿介入扶贫保险。为加快促进扶贫工作的开展以及"三农"服务，建议建立国家级农业政策性保险机构，专门履行支持"三农"和扶贫保险职能，其保险资金来源由国家财政承担。为发挥现有保险机构的作用，也可不设新的农业保险政策性机构，而由国家指定现有保险公司履行该职能。通过这种方式可解决金融扶贫的风险补偿，并以此支持"三农"发展和贫困地区扶贫及贫困户脱贫。

（五）明确主体责任，将金融扶贫的主要职能指定落实到具体金融机构

各级政府需统筹金融扶贫工作，鼓励和引导所有金融机构参与金

融扶贫工作。金融扶贫说到底是一种市场行为，从长期来看金融机构在扶贫中一定要盈利，否则这种行为很难持续下去。为解决目前金融机构参与金融扶贫积极性不高的问题，建议将金融扶贫任务主要落实到一家金融机构，由该金融机构担负我国贫困地区金融扶贫的主要职能，其他金融机构则以市场为导向积极参加。根据调研的情况，建议将贫困地区扶贫和贫困人口脱贫的主要职能指定给各省区农村信用社承担。由于农村信用社在村镇都有分支机构，承担扶贫职能最为便利。国家可对承担扶贫职能的农村信用社给予政策上的支持以及风险补偿和利率优惠。由于易地搬迁资金量非常大，建议将易地搬迁扶贫任务和职能落实到国家开发银行和农业发展银行，并要求这两家银行将其作为国家战略任务保证完成，而不是与地方政府协商性完成。建议国家财政对承担政策性扶贫任务的银行机构给予贴息和风险补偿以及减免税收，提高不良贷款拨备率。

七、完善金融扶贫体系的补充性对策建议

（一）完善金融扶贫政策，构建有效的引导和激励机制

我国连片特困地区的金融扶贫离不开政府的作用，政府需要完善各项政策，引导和激励各项扶贫工作的开展。对于在扶贫工作中有较大贡献并且利润微薄的公益小额贷款机构，给予免除所得税的激励政策；规定连片特困地区农业银行等大型金融机构的贷款必须按照一定比例投放该地区，对于超过该比例的贷款给予相应的奖励等政策来激励大型商业性金融机构贷款；制定一套科学合理的合作性金融组织绩效考核指标体系，对于在绩效考核中扶贫效果好、资金回收率高的合作性组织给予财政资金的倾斜，从而形成激励作用。鼓励和引导返乡农民工创业，享受创业培训、税费减免、小额担保贷款及贷款贴息以及用地、用电、用水等优惠政策。政府应该为金融扶贫工作的顺利开

展提供坚强的保障，完善连片特困地区农村社会的保障体系，建立系统化的农业保险体系，设立专门针对连片特困地区贷款难问题的担保机构；政府要积极引导金融机构加强社会责任，通过宣传、法律等手段规范和提高金融机构的社会责任意识；政府要在大型商业性金融机构与微型金融机构合作中起中介作用，为微型金融机构从大型商业性金融机构融资牵线搭桥。鼓励金融机构创新，并且提高贫困户自主劳动的积极性。

（二）不断创新金融服务和产品

金融机构要注重金融业务、金融产品以及金融工作人员选择上的创新，只有不断创新才能满足贫困人口日益增长的多样化金融需求。贫困农户一般难以提供正规金融机构要求的担保抵押品，因此，要扩大担保抵押品的范围，例如宅基地、土地承包权、林权等都可以作为贫困户贷款的抵押品。要结合农村生态资源丰富的特点，创新绿色信贷产品。针对贫困地区的经济发展和贫困人民金融服务的需求，金融机构在提供简单的存款、汇兑、贷款等基础的金融服务外，还要加快服务方式的创新，并且大力提倡通过现代化科技来降低扶贫业务的成本。人员选择方面也需要创新，不应以学历的高低作为人员选择的硬性指标，而应选择有亲和力的，最好是出身农村、能切身体会村民的需求的人。

（三）完善风险管理制度

金融机构要根据现代金融风险的多样性以及复杂性，着眼于系统风险与非系统风险的统筹管理，积极推进风险管理制度建设。利用现代化技术，例如建立客户金融信息管理系统、规范信息处理以及发布制度来缓解信息不对称的问题；建立评价考核机制，无论在金融机构正常运行或者不正常运行中，都要对机构的每一环节进行严格把关以及评价总结。在实践中探索多样化的风险补偿方式，建立"奖补资金"模式推进扶贫资金到户，它在扶贫中的作用相当于担保基金，但是"奖补资金"的损失补偿比例与贷款回收率挂钩。并且要定期或不定期地加强机构之间的相互联系，扬长补短，及时进行信息的反馈，分享最优风险控制方法。不断加大金融人才培养力度，建立适应经济战略发展、年龄合理、层次清晰、有专业素养的农村金融人才队伍。

（四）实现金融机构财务绩效与社会绩效协调发展

金融机构是连片特困地区扶贫工作的主体，过去政府作为金融扶贫工作的主体，效率低下，对贫困户的生活水平提高并不明显。金融扶贫应该体现以金融机构为主、政府为辅的扶贫模式。在这种模式下，金融机构应同时注重财务绩效以及社会绩效。利润最大化是任何一个企业所追求的，但是一味地追求利润最大化而不顾及社会绩效、将会对企业与社会造成不利影响。而扶贫工作本身就是一项注重社会绩效、强调公平发展的工作，因此在这项工作中金融机构应摆正位置，坚持成本控制，加强技术创新，坚持商业运营原则，坚持风险控制原则，尽最大的努力来推动金融扶贫工作的健康持续科学发展。身处贫困地区的金融机构要不断提高自身责任意识，把支持扶贫攻坚作为义不容辞的社会责任。同时，从长远来看，通过金融扶贫扩大服务范围，建立新的客户群，也是金融机构实现可持续发展的有效途径。

（五）提高贫困户的金融意识

贫困户要立足实际，积极改变"金融不具有普惠性、天生爱富弃贫"的传统金融观念，并且彻底地了解金融是可以为自己与家人服务的。贫困户的信用建设对于金融扶贫工作的持续发展有着决定性作用。首先，在确定借款时，贫困户要对自己的情况如实汇报，要在了解自身的需求以及还款能力的基础上确定借款数目。其次，金融扶贫不再是一种赠予，金融扶贫暂时给予的启动资金是必须要按时归还的。最后，贫困户要积极发挥自身的创造性将资金与主体能动性有效结合，利用有限的资金积极培养并且拓展特色产业，通过扩大再生产来提高生产规模以及生产水平。

本章参考文献

[1] 冷志明, 茹楠, 丁建军. 中国精准扶贫治理体系研究 [J]. 吉首大学学报（社会科学版）, 2017（2）: 72-77.

[2] 季飞, 杨康. 大数据驱动下的反贫困治理模式创新研究 [J]. 中国行政管理, 2017（5）: 53-59.

[3] 胡鞍钢. 反腐败必须构建中国特色国家廉政体系 [N]. 检查日报, 2007（10）: 05-29

[4] 莫光辉, 张玉雪. 大数据背景下的精准扶贫模式创新路径——精准扶贫绩效提升机制系列研究之十 [J]. 理论与改革, 2017（1）: 119-124.

[5] 陈成文, 吴军民. 从"内卷化"困境看精准扶贫资源配置的政策调整 [J]. 甘肃社会科学, 2017（2）: 112-117.

[6] 任超, 袁明宝. 分类治理: 精准扶贫政策的实践困境与重点方向——以湖北秭归县为例 [J]. 北京社会科学, 2017（1）: 100-108.

[7] 许汉泽, 李小云. 精准扶贫视角下扶贫项目的运作困境及其解释——以华北W县的竞争项目为例 [J]. 中国农业大学学报（社会科学版）, 2016（4）: 49-56.

[8] 陈升, 潘虹, 陆静. 精准扶贫绩效及其影响因素: 基于东中部的案例研究 [J]. 中国行政管理, 2016（9）: 88-93.

[9] 许汉泽, 李小云. 精准扶贫背景下农村产业扶贫的实践困境——对华北李村产业扶贫项目的考察 [J]. 西北农林科技大学学报（社会科学版）, 2017（1）: 9-16.

[10] 莫光辉, 张菁. 精准扶贫领域的腐败问题及预防机制构建 [J]. 中国党政干部论坛, 2017（3）: 76-79.

[11] 许汉泽，李小云.精准扶贫背景下驻村机制的实践困境及其后果——以豫中 J 县驻村数据扶贫为例［J］.江西财经大学学报，2017（3）：82-89.

[12] 汪三贵，郭子豪.论中国的精准扶贫［J］.贵州社会科学，2015（5）：147-150.

[13] 唐丽霞，罗江月，李小云.精准扶贫机制实施的政策和实践困境［J］.贵州社会科学，2015（5）：151-156.

[14] 郑磊，高丰.中国开放政府数据平台研究：框架、现状与建议[J].电子政务，2015（7）：8-16.

[15] 谷民崇，孟庆国.数据统筹视角下的跨部门行政协调问题研究[J].东北大学学报，2017（2）：167-172.